Regina B. und Rolf B. Baumeister (Hrsg.)

Windows Software Training

Regina B. und Rolf B. Baumeister (Hrsg.)

Windows Software Training

Bearbeitet von Achim Kolacki

Friedr. Vieweg & Sohn   Braunschweig/Wiesbaden

1987

Alle Rechte vorbehalten
© Friedr. Vieweg & Sohn Verlagsgesellschaft mbH, Braunschweig 1987

Umschlaggestaltung. Ludwig Markgraf Wiesbaden

ISBN-13: 978-3-528-04558-6   e-ISBN-13: 978-3-322-84126-1
DOI: 10.1007/ 978-3-322-84126-1

Vorwort

Die ständig wachsende Leistungsfähigkeit moderner Computer wird zu einem großen Teil für die Gestaltung von leicht zu bedienenden Benutzeroberflächen ausgenutzt. Microsoft Windows ist ein gutes Beispiel dafür. Alle Befehle sind leicht über Menüs erreichbar und lassen sich mit einer Maus ansteuern. In diesem Softwarepaket finden Sie alles, was Sie für die tägliche Arbeit am Schreibtisch benötigen.

Ein ganz wesentlicher Aspekt — das Multitasking — wurde mit der Einführung von Microsoft Windows zum ersten Mal in dieser Form auf MS-DOS-Computern eingeführt. Unter Multitasking versteht man die Fähigkeit eines Computersystems, gleichzeitig verschiedene Programme ablaufen zu lassen. Es ist z.B. unter Windows möglich, in einer Adressdatei nach einer Adresse zu suchen, während Sie gleichzeitig mit dem Textverarbeitungsprogramm arbeiten.

Ferner haben sich in der letzten Zeit immer mehr Softwarehersteller dem Microsoft Windows-Konzept angeschlossen. Es existiert bereits eine Vielzahl von Programmen, die sich problemlos in das System einbinden lassen. Das hat für den Anwender den großen Vorteil, daß er stets leicht zugängliche Programme erhält, deren Bedienung nicht das intensive Studium von Handbüchern voraussetzt.

Ferner wird es in Zukunft Personal-Computer geben, die Microsoft Windows als festen Bestandteil ihres Betriebssystems nutzen.

Die oben genannten Punkte zeigen deutlich die Richtung für die Zukunft: leistungsfähige Programme, die leicht zu bedienen sind und mit den zukünftigen Möglichkeiten der Hardwareentwicklung schritthalten. Dieser Weg wird mit Microsoft Windows erfolgreich eingeschlagen.

Achim Kolacki

Inhaltsverzeichnis

1 Einleitung

MS-Windows ist eine Ergänzung zum Betriebssystem Ihres Computers, die für IBM und kompatible Personalcomputer entwickelt wurde. Mit Windows haben Sie die Möglichkeit, verschiedene Programme in Fenstern abzulegen und zwischen diesen beliebig umzuschalten. So können Sie beispielsweise schnell eine Berechnung mit dem Windows-Taschenrechner durchführen, während Sie in einem Textverarbeitungssystem arbeiten, ohne es verlassen zu müssen. Außerdem lassen sich Informationen zwischen den einzelnen Anwenderprogrammen austauschen. Windows stellt Ihnen für alle bei der täglichen Arbeit anfallenden Aufgaben Programme zur Verfügung, die leicht zu bedienen sind. Zu den wichtigsten gehören:

-Taschenrechner;
-Terminkalender;
-Karteikasten;
-Notizblock;
-Textverabeitungsprogramm;
-Zeichenprogramm und
-Uhr.

Die Bedienung von Windows erfolgt über eine Tastatur und/oder mit einer Maus. Auch wenn Sie mit einer Maus arbeiten, sollten Sie die Tastaturkommandos lernen, da Sie durch geschickte Kombination von Maus- und Tastaturbedienung am effektivsten arbeiten können. Windows ist aber auch nur mit Tastatur leicht zu bedienen.

Zum Aufbau des Buches

Als erstes wird die Installation des Windows-Pakets auf Ihrem Rechner besprochen. Damit Sie ein Gefühl für die Leistungsfähigkeit von Windows bekommen, folgt eine kurze "Rundreise" durch das System einschließlich einer Erklärung der wichtigsten Begriffe, die Sie bei der Arbeit mit Windows kennen sollten. Im Anschluß werden die Programme, die zu Windows gehören, ausführlich besprochen. Die Kapitel sind jeweils mit 1 beginnend in Unterkapitel gegliedert. Die Nummern der Unterkapitel entsprechen jeweils dem Informationsgehalt und Schwierigkeitsgrad der verschiedenen Anwendungen. Sie sollten zunächst aus jedem Kapitel das Unterkapitel 1 durcharbeiten, ohne die anderen zu beachten. Auf diese Weise lernen Sie das gesamte Programmpaket schrittweise kennen, ohne sich zu lange mit den Details einer bestimmten Anwendung auseinandersetzen zu müssen. Zu jedem Kapitel gehören Übungen, die Ihnen helfen sollen, die Anwendungen besser in den Griff zu bekommen. Auf der anderen Seite bietet Ihnen die Gliederung den Vorteil, im Bedarfsfall alle Informationen zu einer Windows-Applikation an einer Stelle im Buch zusammengestellt zu finden. Damit besitzen Sie ein gutes Nachschlagewerk.

Im Anhang finden Sie eine Zusammenstellung der wichtigsten Begriffe und Kommandos, die das Betriebssystem des Computers betreffen und ein Sachwortverzeichnis, das Ihnen helfen soll, sich besser durch die oftmals verwirrende "Welt des Computerjargons" zu finden.

2 Installation von Microsoft Windows

Für die Installation des Windows-Software-Pakets auf Ihrem Computer benötigen Sie folgende Dinge:

1. Das Betriebssystem DOS auf einer Diskette oder Festplatte;
2. Die Windows-Einrichtungsdiskette I;
3. Die Windows-Einrichtungsdiskette II;
4. Die Windows-Hilfsprogrammdiskette;
5. Die Windows-Schriftartendiskette;
6. Die Windows-Anwenderprogrammdiskette;
7. Die Windows-Programmdiskette (enthält WRITE.EXE).

Schalten Sie Ihren Computer ein und laden Sie das Betriebssystem entweder von Diskette oder von der Festplatte. Falls DOS Sie nach dem Datum und der Uhrzeit fragt, geben Sie sie bitte ein. Nun können Sie mit der Installation von Windows beginnen.

2.1 Installation auf einer Festplatte

Starten von SETUP

Legen Sie die Einrichtungsdiskette I in das Diskettenlaufwerk A und schalten Sie auf A um, indem Sie *A:* eingeben und die **RETURN**-Taste betätigen. Um das Installationsprogramm zu starten, geben Sie *SETUP* ein und **<RETURN>**. Die notwendigen Anweisungen erscheinen während der Installation auf dem Bildschirm, Sie brauchen nichts weiter zu tun, als sie zu befolgen.

Beantworten Sie das erste Dialogfeld des Installationsprogramms mit **<RETURN>**.

Nun folgt die Frage, ob Sie Windows auf Diskette oder Festplatte installieren wollen. Geben Sie *f* für Festplatte ein.

Unterverzeichnis (Subdirectory) wählen

Auf der Festplatte wird ein Unterverzeichnis angelegt, in dem alle Dateien, die zu Windows gehören, zusammengefaßt werden. Die Voreinstellung für den Namen des Unterverzeichnisses ist WINDOWS. Mit <RETURN> akzeptieren Sie diesen Namen. Falls Sie die Windowsdateien an einer anderen Stelle der Festplatte unterbringen wollen, können Sie einen selbstgewählten Pfad angeben. Geben Sie nun <RETURN> ein oder tragen Sie einen anderen Pfad in das angezeigte Feld ein und bestätigen mit <RETURN>. Falls Sie unsicher sind, wie Sie hier vorzugehen haben, drücken Sie lediglich <RETURN>.

Das Installationsprogramm zeigt nun, welche Informationen es später braucht. Damit haben Sie die Gelegenheit, sich zur Unterstützung beim weiteren Vorgehen Handbücher oder andere Dokumentationen bereitzulegen, falls Sie diese benötigen. Geben Sie nun *w* ein.

Tastaturbelegung

Nun müssen Sie dem Installationsprogramm mitteilen, welche Art von Tastaturbelegung Sie verwenden wollen. Die Belegungen sind nach Ländern aufgelistet und mit einer Nummer gekennzeichnet. Geben Sie hier *26* für eine deutsche Tastaturbelegung ein und betätigen Sie <RETURN>.

Zeigereinrichtung

Als nächstes wird nach der Zeigereinrichtung gefragt, die Sie bei der Arbeit mit Windows verwenden wollen. Geben Sie hier *1* ein, falls Sie kein solches Gerät besitzen oder wählen Sie die Nummer der Zeigereinrichtung. Z.B. "2" für die Microsoft Maus.

Grafikkarte

Bei der nächsten Frage geht es um die verwendete Grafikkarte. Wählen Sie die Nummer der von Ihnen verwendeten Karte (Abschluß mit <RETURN>).

Nachdem das Installationsprogramm mit den benötigten Informationen versehen ist, werden die Dateien der Reihe nach auf die Festplatte übertragen. Sie brauchen nur eine Diskette nach der anderen, nach denen Sie das Setup-Programm fragt, einzulegen.

Druckerinstallation

Zwischendurch müssen Sie angeben, ob Sie einen Drucker installieren
wollen. Geben Sie hier *j* ein (oder *w*, wenn Sie keinen Drucker anschließen wollen). Bei der Eingabe von "j" erscheint eine Liste mit verschiedenen Druckernamen. Wählen Sie Ihren Drucker aus oder erkundigen
Sie sich, zu welchem der aufgeführten Drucker Ihr Gerät kompatibel ist.

Nun geht es um den Anschluß des Druckers. In den meisten Fällen werden Sie 1 für LPT1 wählen. LPT sind die Anschlüsse für Drucker mit
parallelem Interface. Sollten Sie einen Drucker mit seriellem Interface besitzen, wählen Sie 4 für COM1.

Sie werden gefragt, ob Sie einen weiteren Drucker installieren wollen.
Falls ja, geben Sie *j* ein und wiederholen den gleichen Prozeß analog der
Installation des ersten Druckers. Wenn Sie nur einen Drucker haben, ge-
ben Sie *w* ein.

Kopieren der restlichen Dateien auf die Festplatte

Das Installationsprogramm fragt nach weiteren Disketten, deren Dateien
auf die Festplatte kopiert werden müssen. Legen Sie diese der Reihe nach
ein und bestätigen Sie mit <RETURN>. Wenn Sie das Setup-Programm
auffordert, die Microsoft Write Diskette einzulegen, nehmen Sie die mit
"Programmdiskette" beschriftete Diskette. Auf dieser befindet sich das
Programm WRITE.EXE.

Die Installation ist nun abgeschlossen und Sie können mit der Arbeit mit
Ihrem neuen Softwarepaket beginnen.

2.2 Installation auf Disketten

Legen Sie die Einrichtungsdiskette I in das Diskettenlaufwerk A: und
schalten auf dieses um, indem Sie *A:*, gefolgt von <RETURN> eingeben.
Um das Installationsprogramm zu starten, geben Sie *SETUP* ein und
drücken <RETURN>. Alle notwendigen Anweisungen erscheinen während
der Installation auf dem Bildschirm.

Beantworten Sie das erste Dialogfeld des Installationsprogramms mit
<RETURN>.

Tastaturbelegung

Nun teilen Sie dem Installationsprogramm mit, welche Tastaturbelegung
Sie verwenden wollen. Diese sind nach Ländern aufgelistet und mit einer
Nummer gekennzeichnet. Geben Sie *26* für eine deutsche Tastaturbele-
gung ein, betätigen Sie die **RETURN**-Taste.

Zeigereinrichtung

Als nächstes wird nach der Zeigereinrichtung gefragt, die Sie bei der Arbeit mit Windows verwenden wollen. Geben Sie *1* ein, falls Sie kein solches Gerät besitzen oder wählen Sie die Nummer, die Ihrer Zeigereinrichtung entspricht. Z.B. 2 für Microsoft Maus.

Grafikkarte

Bei der nächsten Frage geht es um die verwendete Grafikkarte. Wählen
Sie die entsprechende Nummer und geben Sie **<RETURN>** ein.

Erstellen einer Windows-Systemdiskette

Legen Sie nun eine leere Diskette in das zweite Laufwerk und geben *w*
für Weiter ein. Das Einrichtungsprogramm erstellt jetzt eine Systemdiskette für Ihr Windows-Paket. Folgen Sie den Anweisungen und legen Sie die Einrichtungsdiskette II ein. Geben Sie wieder *w* ein und warten Sie, bis alle notwendigen Dateien auf Ihre Windows-Systemdiskette
übertragen worden sind.

Erstellen einer Windows-Ladediskette

Legen Sie nun eine leere Diskette in Laufwerk B und Ihre DOS-Diskette
in Laufwerk A. Drücken Sie *j* zum Einrichten von DOS. Sie erstellen damit eine Diskette, die Sie zum Starten Ihres Computers verwenden können.
Legen Sie nun die Diskette "Hilfsprogramme" in Laufwerk A und die
Windows-Systemdiskette, die Sie zuvor erstellt haben, in Laufwerk B.
Geben Sie *w* ein.

Druckerinstallation

Nun müssen Sie angeben, ob Sie einen Drucker installieren wollen. Geben
Sie hier *j* ein (oder w, wenn Sie keinen Drucker anschließen wollen). Es
erscheint eine Liste mit verschiedenen gängigen Druckern. Wählen Sie
Ihren Drucker aus oder erkundigen Sie sich, zu welchem Drucker das von
Ihnen verwendete Gerät kompatibel ist.

Nun geht es um den Anschluß des Druckers. In den meisten Fällen werden Sie 1 für LPT1 wählen. LPT sind die Anschlüsse für Drucker mit parallelem Interface. Sollten Sie einen Drucker mit seriellem Interface besitzen, wählen Sie 4 für COM1.

Sie werden gefragt, ob Sie einen weiteren Drucker installieren wollen. Falls ja, geben Sie *j* ein und wiederholen Sie den gleichen Prozeß analog der Installation des ersten Druckers. Bei nur einem Drucker geben Sie *w* ein.

Als nächstes werden Dateien von der Diskette "Schriftarten" auf die Windows-Systemdiskette kopiert. Bitte folgen Sie den Anweisungen.

Wenn alle Dateien transferiert worden sind, ist die Installation beendet. Sie haben nun zwei Disketten, die Windows-Ladediskette und die Windows-Systemdiskette, mit deren Hilfe Sie Windows starten können. Legen Sie die Ladediskette in Laufwerk A und die Systemdiskette in Laufwerk B. Starten Sie Windows durch Eingabe von *win* gefolgt von <RETURN>.

2.3 Veränderungen an der Hardware

Wenn Sie an der Ausstattung Ihres Computers etwas verändern (z.B. durch eine neue Grafikkarte, durch einen Mausanschluß oder den Kauf einer Festplatte), müssen Sie jeweils das Setup-Programm aufrufen, um Windows über die Veränderungen zu informieren.

2.4 Verwendung eines INTEL Above Board

Das Betriebssystem MS-DOS unterstützt maximal 640 KB Hauptspeicher. Damit Sie diese Grenze überwinden können, steht Ihnen ein sogenanntes Above Board zur Verfügung. Dieses Board erweitert in Zusammenarbeit mit der entsprechenden Software den Hauptspeicher Ihres Computers. Verschiedene Softwarepakete - so auch Windows - unterstützen diesen neuen Speicherbereich, wodurch sich die Verarbeitungsgeschwindigkeit erheblich steigert.
Es gibt zwei Möglichkeiten den Zusatzspeicher eines Above Boards softwaremäßig einzurichten:

1. Mit dem Programm RAMDRIVE.SYS.
2. Mit der zum Above Board gehörenden Software.

Im ersten Fall gehen Sie folgendermaßen vor:

RAMDRIVE.SYS ist ein sogenannter Device-Treiber. Diesen müssen Sie beim Start von MS-DOS aufrufen. Zu diesem Zweck erstellen Sie eine Datei mit dem Namen CONFIG.SYS und tragen in diese Datei die Spezifikationen für RAMDRIVE.SYS ein. CONFIG.SYS wird automatisch beim Start von MS-DOS ausgeführt. Wenn Sie mit einer Festplatte arbeiten, müssen Sie diese Datei im Stammverzeichnis unterbringen. Die Einträge für RAMDRIVE in der Datei CONFIG.SYS haben folgende Form:

DEVICE=[L][Pfad]RAMDRIVE.SYS[Größe][Sektoren][Einträge][/E oder/A]

L bezeichnet das Laufwerk, auf dem sich die Datei RAMDRIVE.SYS befindet.

Pfad gibt den Pfadnamen für RAMDRIVE.SYS an.

Größe gibt die Menge an Speicherraum, den Sie einrichten wollen, in Kilobytes an.

Sektoren sind üblicherweise 512 Bytes groß.

Einträge legt fest wieviele Hauptverzeichniseinträge maximal zulässig sind.

/E wird für IBM PC AT mit erweitertem Speicher benutzt.

/A wird für IBM PC AT mit INTEL Above Board benutzt.

Beispiel:

DEVICE=c:RAMDRIVE.SYS 1024 512 100 /A

Die Befehlszeile richtet ein virtuelles Laufwerk mit 1024 Kilobytes, 512 Bytes pro Sektor und maximal 100 Einträgen im Hauptverzeichnis ein. Es handelt sich um ein Above Board. Die Datei RAMDRIVE.SYS befindet sich auf Laufwerk C.

Den zusätzlichen Speicherraum können Sie auch mit Hilfe der Software installieren, die zum Lieferumfang Ihres Above Boards gehört. Legen Sie die Above-Board-Diskette in Laufwerk A und folgen Sie den Anweisungen des Installationsprogramms.

Nun müssen Sie in der Datei WIN.INI die Einstellung für Verlagerungs-platte=? ändern, damit Windows den erweiterten Speicherbereich automa-tisch für die Verlagerung von Anwenderprogrammen verwendet. Rufen Sie zu diesem Zweck einen Editor oder das Windows-Programm NO-TIZ.EXE auf. Laden Sie die Datei WIN.INI und tragen Sie anstelle des Fragezeichens im Eintrag Verlagerungsplatte=? den Buchstaben des Lauf-werks ein, der dem zusätzlich eingerichteten Speicherbereich entspricht.

3 Erste Schritte im System

In diesem Kapitel werden Sie die grundlegenden Elemente der Bedienung von Windows kennenlernen. Bitte halten Sie sich genau an die Angaben im Text, und führen Sie die dazugehörenden Übungen aus.

3.1 Starten von Windows

Windows wird durch den Befehl *Win* gestartet. Falls Windows auf einer Festplatte installiert ist, gehen Sie bitte folgendermaßen vor, wobei NAME das Unterverzeichnis ist, das Sie bei der Installation von Windows angegeben haben:

*cd *	*<CR>*	Umschalten in das Hauptverzeichnis;
cd Name	*<CR>*	Umschalten in das Unterverzeichnis, in dem Win steht;
win	*<CR>*	Starten des Windows-Programms.

Um Windows von der Diskette zu laden, legen Sie die Startup-Diskette in Laufwerk A, die Windows System-Diskette in B und geben *win* ein.

Nun wird Windows geladen und nach kurzer Zeit meldet sich das MS-DOS-System mit folgendem Fenster:

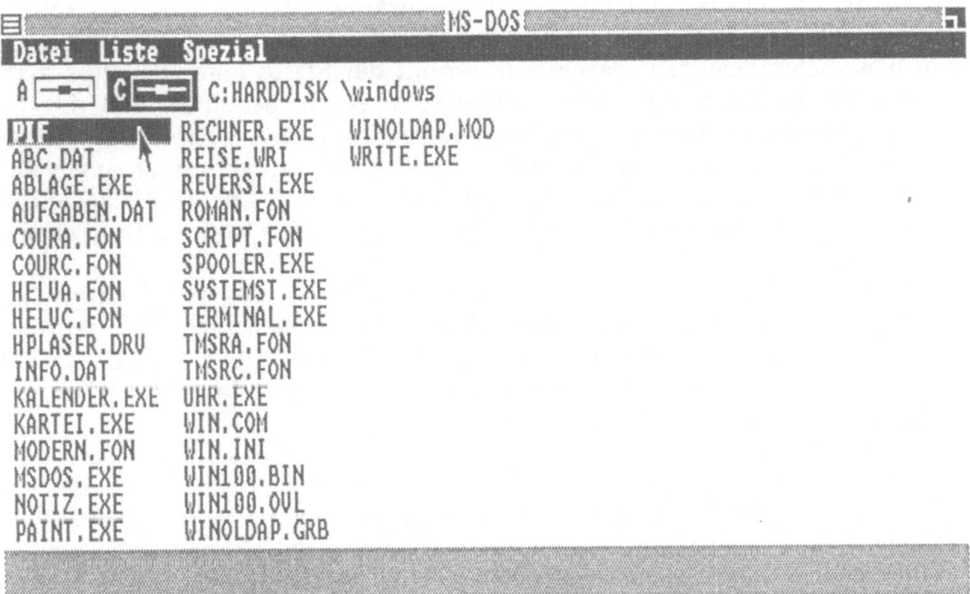

3.2 Definitionen

Sehen Sie sich das MS-DOS-Fenster und die oben stehende Abbildung
aufmerksam an. Sie werden Definitionen kennenlernen, die Ihnen die
spätere Arbeit mit Windows erleichtern sollen.

Ein Fenster in Windows ist immer in bestimmte Bereiche unterteilt. In der
oberen linken Ecke sehen Sie das **Systemmenüfeld**, das als kleines Quadrat
mit drei Querstrichen dargestellt ist. Mit den Befehlen, die sich im
Systemmenüfeld befinden, können Sie verschiedene Funktionen ausführ-
ren, die die Manipulation von Bildschirmfenstern betrifft. Das Systemmenüfeld ist für alle Windows-Programme das gleiche. Mit dem Befehl
SCHLIESSEN schließen Sie ein Fenster und verlassen die gerade aktive
Anwendung. Befanden Sie sich im MS-DOS-Fenster, wählen Sie den Befehl SCHLIESSEN aus dem Systemmenüfeld, um Windows zu verlassen.
Die oberste Zeile eines Fensters ist die **Titelleiste**. Diese wird links vom
Systemmenüfeld und rechts vom **Größenfeld** begrenzt. In der Titelleiste

sehen Sie den Namen des Programms, das gerade in einem Fenster läuft. In diesem Fall ist es der Name MS-DOS, da Sie Windows gerade gestartet haben und MS-DOS immer das erste Programm ist, das Windows selbstständig ablaufen läßt. Ferner wird die Titelleiste in verschiendenen Farben bzw. Schattierungen, dargestellt, womit der Status eines Fensters markiert wird. Er kann aktiv oder passiv sein. Aktiv bedeutet, daß das jeweilige Fenster im Moment zur Bearbeitung bereit ist, während ein passives Fenster zwar auf dem Bildschirm zu sehen ist, aber erst angewählt werden muß, bevor Sie mit ihm arbeiten können. Das Größenfeld am rechten oberen Rand der Titelleiste dient dazu, die Größe eines Fensters zu verändern.

Unter der Titelleiste befindet sich die Menüleiste, die bei jedem Windows-Programm eine Reihe von Menüs für unterschiedliche Anwendungen enthält. Im MS-DOS-Fenster sehen Sie die Menüs DATEI, LISTE und SPEZIAL. Die einzelnen Befehle innerhalb dieser Menüs werden erst sichtbar, wenn Sie ein Menü öffnen.

Der nächste wichtige Bereich innerhalb eines Fensters ist die Arbeitsfläche. Im MS-DOS-Fenster sehen Sie in der ersten Zeile der Arbeitsfläche, welche Disketten- oder Festplattenlaufwerke Ihnen zur Verfügung stehen, wobei das gerade aktive Laufwerk schwarz unterlegt ist. Rechts neben den Laufwerkssymbolen wird nochmals das aktive Laufwerk (z.B. C), der Datenträgerkennsatz der Diskette oder Festplatte und der Name des gerade aktiven Unterverzeichnisses angezeigt. Auf dem Rest der Arbeitsfläche ist eine Reihe von Programmen zu sehen, die alle zum Windows-System gehören.

Der letzte wichtige Bereich von Windows ist der **Sinnbildbereich** am unteren Bildschirmrand. In diese Zeile können Sie Programme ablegen, die Sie im Moment nicht benutzen wollen. Diese Programme stehen ständig bereit, um wieder aktiviert zu werden.

Bitte merken Sie sich für die weitere Arbeit mit Windows die Begriffe **Systemmenüfeld**, **Titeleiste**, **Menüleiste**, **Arbeitsfläche** und **Sinnbildbereich**. Mit den oben angegebenen Definitionen wird es Ihnen leicht fallen, die einzelnen Positionen wiederzufinden. In vielen Fällen müssen Sie mit Tastenkombinationen arbeiten, so z.B. mit der **Alt-Leertaste**, um das Systemmenüfeld sichtbar zu machen. Bei einer Tastenkombination müssen Sie dann immer die zuerst genannte Taste drücken und festhalten, während Sie die zweite betätigen.

3.3 Auswahl von Menüpunkten

Vorhin haben Sie Windows gestartet, so daß Sie auf Ihrem Monitor das MS-DOS-Fenster sehen. Um festzustellen, ob Sie sich wirklich an dieser Stelle befinden, brauchen Sie nur nachzusehen, welcher Programmname in der Mitte der Titelleiste sichtbar ist. MS-DOS ist gewissermaßen die Schaltzentrale von Windows. Von hier aus starten Sie Programme, verwalten Dateien und können Systembefehle geben. Wenn Sie wissen wollen, welche Programme Ihnen innerhalb des Windows-Systems zur Verfügung stehen, lassen Sie sich nur Programme und keine anderen Dateien anzeigen. Gehen Sie folgendermaßen vor:
Sie müssen die Menüleiste ansprechen und herausfinden, welche Befehle sich in den einzelnen Menüs verbergen. Wenn Sie einen Befehl gefunden haben, der von allen Dateien der Arbeitsfläche nur noch die Programme auflistet, geben Sie diesen Befehl ein.

Tastatur: 1. Mit **Alt**-Leertaste öffnen Sie das Systemmenüfeld;
          2. Pfeiltaste rechts zeigt jeweils das nächste Menü;
          3. Gehen Sie bis zum LISTE-Menü;
          4. Drücken Sie Pfeiltaste nach unten;
          5. Markieren Sie mit Pfeil nach unten PROGRAMME;
          6. Drücken Sie die **RETURN**-Taste.

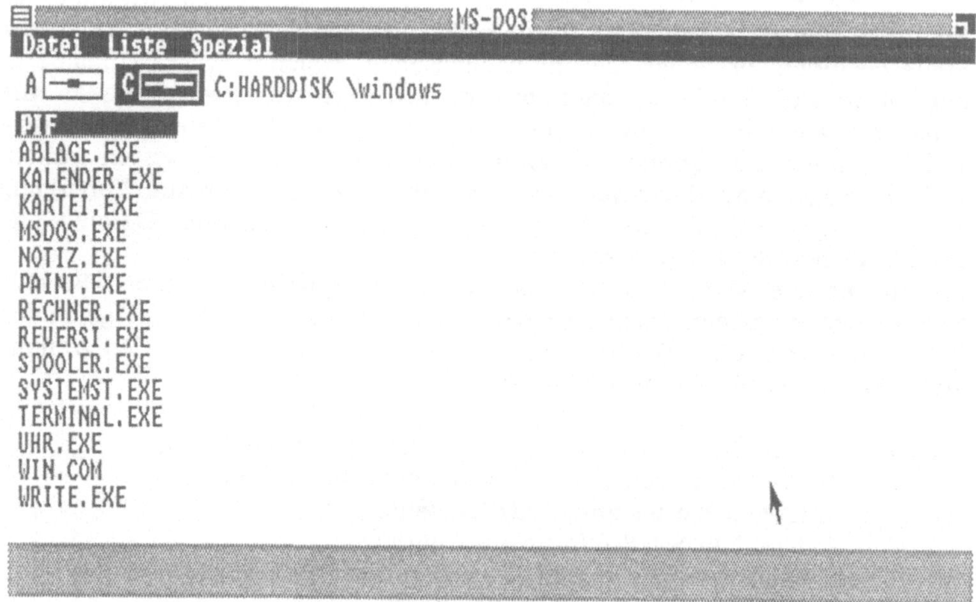

Jetzt werden auf der Arbeitsfläche des MS-DOS-Fensters nur noch Programme und keine anderen Dateien angezeigt.

Merken Sie sich, wie Sie mit der Tastatur die einzelnen Menüs und deren Unterpunkte erreichen können. Das Öffnen des Systemmenüfelds erfolgt immer durch die Tastenkombination **Alt-Leertaste**. Unter einer Tastenkombination ist dabei zu verstehen, daß Sie die erste Taste gedrückt halten, während Sie die zweite betätigen. Die einzelnen Menüs öffnen Sie, indem Sie mit den nach rechts und links gerichteten Pfeiltasten den Cursor die Menüleiste entlang fahren lassen. Wenn Sie das gewünschte Menü erreicht haben, wählen Sie mit den nach oben und unten gerichteten Pfeiltasten den Menüpunkt aus, den Sie bearbeiten möchten.
Mit der Maus erreichen Sie dasgleiche so:

Maus: 1. Plazieren Sie den Pfeil der Maus auf LISTE;
             2. Halten Sie den linken Mausknopf gedrückt;
             3. Ziehen Sie die Maus auf den Menüpunkt PROGRAMME;
             4. Lassen Sie den linken Mausknopf los.

Jetzt werden auf der Arbeitsfläche des MS-DOS-Fensters nur noch Programme angezeigt.
Beachten Sie, daß bei der Auswahl von Befehlen aus den verschiedenen Menüs die jeweilige Option invers dargestellt wird. Somit können Sie erkennen, welche Option im Moment aktiv ist. "Spielen" Sie nun mit den Optionen und kehren Sie dann wieder zu LISTE-PROGRAMME zurück.

3.4 Starten von Programmen

Nun werden Sie einige Windows-Programme starten, damit Sie sehen, welche Möglichkeiten Sie mit diesem System haben.

Um Programme starten zu können, müssen Sie sich im MS-DOS-Fenster befinden. Stellen Sie anhand der Statuszeile fest, ob Sie an der richtigen Stelle sind. Unter den Programmen, die zum Windows-System gehören, sehen Sie auf der Arbeitsfläche des MS-DOS-Fensters UHR.EXE. Das ist ein Programm, das Ihnen eine Uhr zur Verfügung stellt. Starten Sie jetzt dieses Programm.

Tastatur: 1. Markieren Sie mit den Pfeiltasten UHR.EXE;
          2. Drücken Sie die **RETURN**-Taste.

Maus: 1. Bringen Sie den Pfeil auf UHR.EXE;
          2. Drücken Sie einmal kurz den linken Mausknopf;
          3. Betätigen Sie **<RETURN>**.

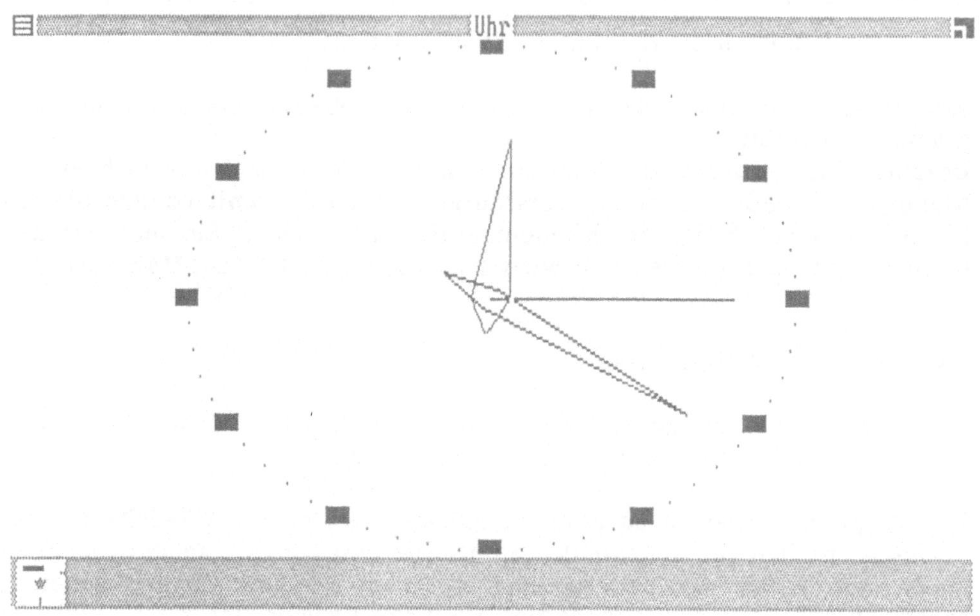

In dem Moment, in dem die Uhr auf dem Bildschirm erscheint, wird das
MS-DOS-Fenster geschlossen und in den Sinnbildbereich plaziert. Hier ist
es als kleine Diskette zu sehen und kann bei Bedarf wieder aktiviert wer-
den.
Stellen Sie jetzt fest, ob Ihre Uhr richtig geht. Sie können die richtige
Uhrzeit mit Hilfe des Windows-Programms SYSTEMST.EXE einstellen.

3.5 Arbeiten mit mehreren Fenstern

Eine der besonderen Eigenschaften von Windows ist es, gleichzeitig
mehrere Programme auf dem Bildschirm in verschiedenen Fenstern darzustellen. Damit Sie sehen, wie das funktioniert, werden Sie jetzt zusätzlich zu der bereits laufenden Uhr, MS-DOS in einem zweiten Fenster
aktivieren.

Tastatur: 1. Wählen Sie mit **Alt-Tab** zwischen den Programmen;
2. Drücken Sie **Alt-Leertaste** um das Systemmenüfeld des MS-DOS-Fensters zu öffnen;
3. Wählen Sie mit der Pfeiltaste nach unten VERSCHIEBEN aus;
4. Drücken Sie die **RETURN**-Taste;
5. Drücken Sie zweimal Pfeil rechts;
6. Geben Sie **<RETURN>** ein.

Maus: 1. Bringen Sie den Mauspfeil in den Sinnbildbereich;
2. Fahren Sie das Symbol des MS-DOS-Fensters (Diskette) an;
3. Linken Mausknopf festhalten;
4. Diskette an den rechten Bildschirmrand ziehen;
5. Linken Mausknopf loslassen.

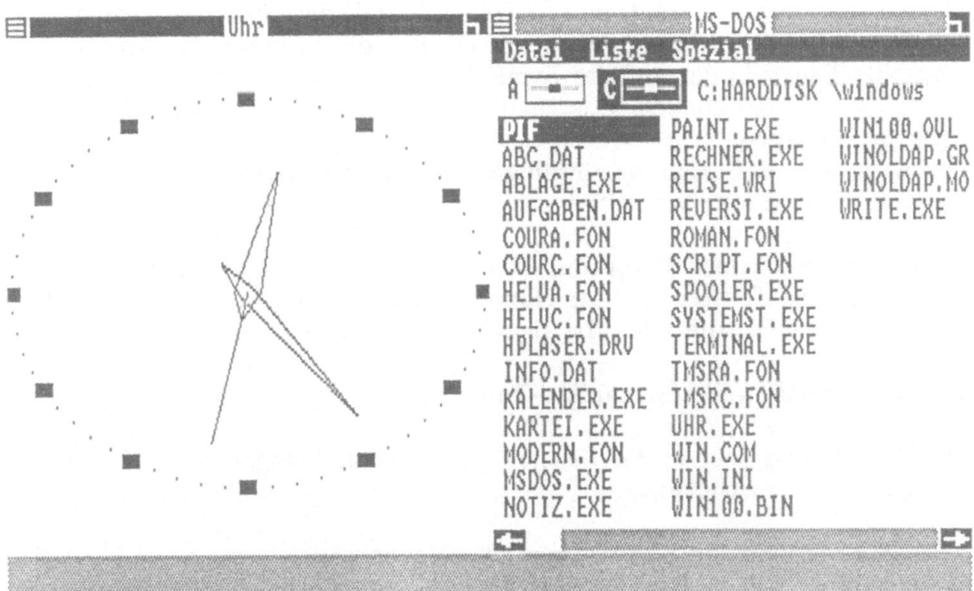

Der Bildschirm wird jetzt in zwei Hälften unterteilt. In der linken Hälfte
läuft nach wie vor die Uhr und rechts haben Sie MS-DOS in einem aktiven Fenster. Vergleichen Sie die Statuszeilen der beiden Fenster. So wie
die Titelleiste des MS-DOS-Fenster aussieht, werden immer aktive Fenster markiert, während passive Fenster eine leicht veränderte Titelleiste
haben. Somit kann leicht festgestellt werden, welches Fenster gerade für
die Arbeit zur Verfügung steht.

Wenn Sie mehrere Fenster auf dem Bildschirm haben und auch noch Programme im Sinnbildbereich abgelegt sind, ist es wichtig zu wissen, wie sie
die einzelnen Programme in den aktiven Zustand versetzen, da Befehle
nur auf aktive Programme wirken. Über die Tastatur erreichen Sie diese
Auswahl mit der Tastenkombination **Alt-Tab**. Durch mehrmaliges
Drücken dieser Tastenkombination können Sie der Reihe nach alle auf
dem Bildschirm stehenden Programme aktivieren, bis Sie das Programm
erreicht haben, mit dem Sie arbeiten wollen. Den Zustand von Programmen, die sich in Bildschirmfenstern befinden, erkennen Sie an der Farbe
bzw. Schattierung der Titelleiste. Im Sinnbildbereich abgelegte Programme
werden bei der Auswahl hell umrandet und der Programmname wird
sichtbar. Mit der Maus brauchen Sie nur den Mauszeiger in das gewünschte Fenster oder auf das Symbol im Sinnbildbereich zu bringen und
dieses einmal anzuklicken. Das zuletzt angeklickte Fenster oder Symbol ist
dann jeweils aktiv.

Beachten Sie, daß sich der Mauszeiger von einem Pfeil in ein kleines
Quadrat umwandelt, wenn Sie von der Arbeitsfläche in den Sinnbildbereich übergehen.

Bevor Sie das nächste Programm starten, werden Sie lernen, wie man aktive Bildschirmfenster in den Sinnbildereich ablegen kann. Für diese
Übung wählen Sie die Uhr, die sie vorhin gestartet haben.

Tastatur: Drücken Sie einmal **Alt-Tab**.

Maus: Mauszeiger in das Fenster mit der Uhr bringen und einmal
           anklicken.

Aktives Programm im Sinnbildbereich ablegen:

Tastatur: 1. Öffnen Sie mit **Alt-Leertaste** das Systemmenüfeld der Uhr;
          2. Drücken Sie Pfeil nach unten bis SINNBILD erreicht ist;
          3. Geben Sie **<RETURN>** ein.

Maus: 1. Mauszeiger auf das Systemmenüfeld bringen;
           2. Linken Mausknopf festhalten;
           3. Mauszeiger auf SINNBILD ziehen;
           4. Linken Mausknopf loslassen.

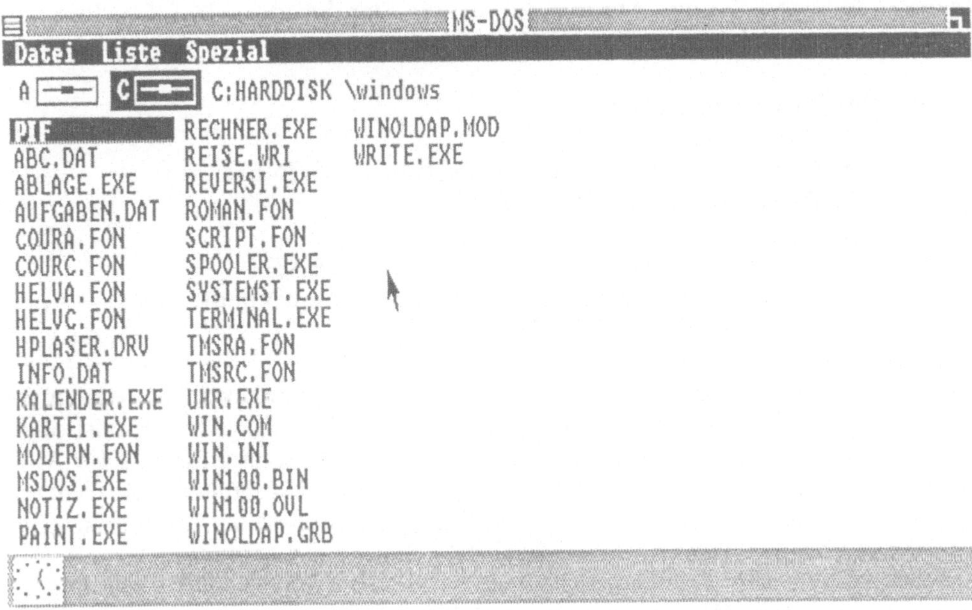

Sie sehen nun das Symbol für die Uhr im Sinnbildbereich. Das Uhr-
programm bleibt solange dort, bis es wieder auf den Bildschirm geholt
wird. Die Uhr ist also ständig abrufbereit. Genauso können Sie alle anderen Windows-Programme im Sinnbildbereich ablegen wenn sie einmal
aufgerufen wurden. Der große Vorteil dabei ist, daß Sie nie ein Programm ganz verlassen müssen, wenn Sie es für kurze Zeit nicht benötigen. So können Sie mit vielen Programmen gleichzeitig arbeiten und
zwischen diesen beliebig oft wechseln. Diese Eigenschaft von Windows
können Sie jetzt ausprobieren, indem Sie zusätzlich zum MS-DOS-Fenster
und der Uhr noch den Windows-Taschenrechner starten.

Aktivieren Sie zunächst das MS-DOS-Fenster:

Tastatur: Drücken Sie einmal **Alt-Tab**.

Maus: Bringen Sie den Mauszeiger in den Bereich des MS-DOS-Fen-
            sters und klicken Sie es einmal an.

Starten des Taschenrechners:

Tastatur: 1. Markieren Sie mit den Pfeiltasten RECHNER.EXE;
          2. Betätigen Sie die **RETURN**-Taste.

Maus: 1. Bringen Sie den Pfeil auf RECHNER.EXE;
            2. Drücken Sie einmal kurz den linken Mausknopf;
            3. Betätigen Sie **<RETURN>**.

Der Taschenrechner erscheint nun auf dem Bildschirm und das MS-DOS-
Fenster ist im Sinnbildbereich abgelegt worden. Die einzelnen Funktionen
des Taschenrechners werden Sie später ausführlich kennenlernen. Im Moment sollten Sie nur wissen, daß Sie Zahlen und Symbole in die Anzei-
gespalte bringen, indem Sie diese entweder mit der Maus anklicken oder
sie direkt von der Tastatur aus eingeben.
Sie haben nun den Taschenrechner auf dem Bildschirm und zwei andere
Programme, die Uhr und das MS-DOS-Fenster, im Sinnbildereich.
Plazieren Sie die einzelnen Fenster an verschiedenen Stellen des Bildschirms. Als Beispiel für die verschiedenen Möglichkeiten benutzen Sie
die Uhr. Wenn Sie mit einer Maus arbeiten, gestaltet sich das Plazieren
von Programmfenstern auf dem Bildschirm etwas anders. Überspringen
Sie in diesem Fall die Erläuterungen zur Tastaturbedienung.

Tastatur: 1. Drücken Sie **Alt-Tab**, bis die Uhr aktiviert ist;
          2. Mit **Alt**-Leertaste öffnen Sie das Systemmenüfeld;
          3. Markieren Sie mit Pfeil nach unten den Menüpunkt
             VERSCHIEBEN;
          4. Betätigen Sie die **RETURN**-Taste.

Das Symbol für die Uhr verwandelt sich nun in ein kleines Quadrat und
erscheint im Fensterbereich des Taschenrechners. Es gibt jetzt fünf Möglichkeiten, die Uhr auf dem Bildschirm neben dem Taschenrechner zu
plazieren:

               -1. in der Bildschirmmitte (Rechner verschwindet);
               -2. am linken Bildschirmrand neben dem Rechner;
               -3. am rechten Bildschirmrand neben dem Rechner;
               -4. am oberen Bildschirmrand über dem Rechner;
               -5. am unteren Bildschirmrand unter dem Rechner.

Tastatur: Bewegen Sie das Uhrsymbol mit den Pfeiltasten an den linken
            Bildschirmrand und geben Sie RETURN ein.

Maus: 1. Bringen Sie den Mauszeiger auf das Uhrsymbol;
            2. Halten Sie den linken Mausknopf gedrückt;
            3. Bringen Sie das Uhrsymbol an den linken Rand;
            4. Lassen Sie den Mausknopf los.

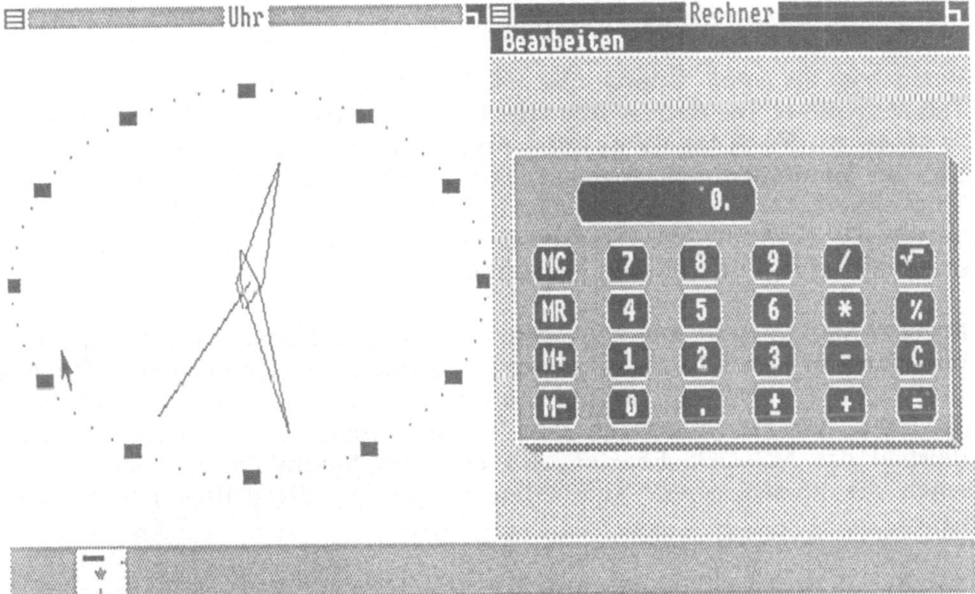

Wenn Sie alles richtig ausgeführt haben, ist Ihr Bildschirm in zwei Fenster
unterteilt. Im linken Fenster läuft die Uhr und im rechten ist weiterhin
der Taschenrechner zu sehen. Damit Sie auch die anderen Bildschirmposi-
tionen einmal ausprobieren können, bringen Sie die Uhr an verschiedene
Positionen. Gehen Sie bitte folgendermaßen vor:

Tastatur: 1. Öffnen Sie mit der Tastenkomination Alt-Leertaste das
             Systemmenüfeld der Uhr;
          2. Markieren Sie mit Pfeil nach unten den Menüpunkt
             VERSCHIEBEN;
          3. Drücken Sie **<RETURN>**;
          4. Wählen Sie mit den Pfeiltasten die neue Position aus;
          5. Drücken Sie **<RETURN>**.

Maus: 1. Bringen Sie den Mauszeiger in die Titelleiste;
          2. Halten Sie den linken Mausknopf fest;
          3. Wählen Sie die neue Position aus;
          4. Lassen Sie den Mausknopf los.

Versuchen Sie auch einmal, die zwei Fenster so zu plazieren, daß der
Taschenrechner im oberen und die Uhr im unteren Teil des Bildschirms
zu sehen ist. Wenn Sie dabei das Uhrsymbol etwas zu tief setzen, wird die
Uhr im Sinnbildbereich abgelegt. Damit haben Sie gleichzeitig eine neue
Möglichkeit, aktive Fenster als Sinnbild wegzulegen. Speziell für Mausbenutzer ist diese Methode sicherlich schneller als die Anwahl der entsprechenden Option aus dem Systemmenüfeld.

Bringen Sie Uhr und Taschenrechner so auf den Bildschirm, daß die Uhr
im linken und der Taschenrechner im rechten Fenster erscheint. Zu den
fünf oben angegebenen Möglichkeiten, Fenster auf dem Bildschirm zu
plazieren, kommt jetzt noch eine weitere hinzu. Sie können jetzt zum
Beispiel das MS-DOS-Fenster, das noch im Sinnbildbereich steht, zwischen die beiden bereits sichtbaren Programme als drittes Fenster ein-
bauen.

Tastatur: 1. Drücken Sie **Alt-Tab** drücken, bis das MS-DOS-Fenster
             aktiviert ist;
          2. Mit **Alt**-Leertaste öffnen Sie das Systemmenüfeld;
          3. Betätigen Sie Pfeil nach unten, bis VERSCHIEBEN markiert
             ist;
          4. Geben Sie <RETURN> ein;
          5. Drücken Sie zweimal Pfeil rechts;
          6. Betätigen Sie die RETURN-Taste.

Maus: 1. Bringen Sie den Mauszeiger auf das MS-DOS-Symbol;
          2. Halten Sie den linken Mausknopf gedrückt;
          3. Bringen Sie das Symbol zwischen die beiden Fenster;
          4. Lassen Sie den Mausknopf los.

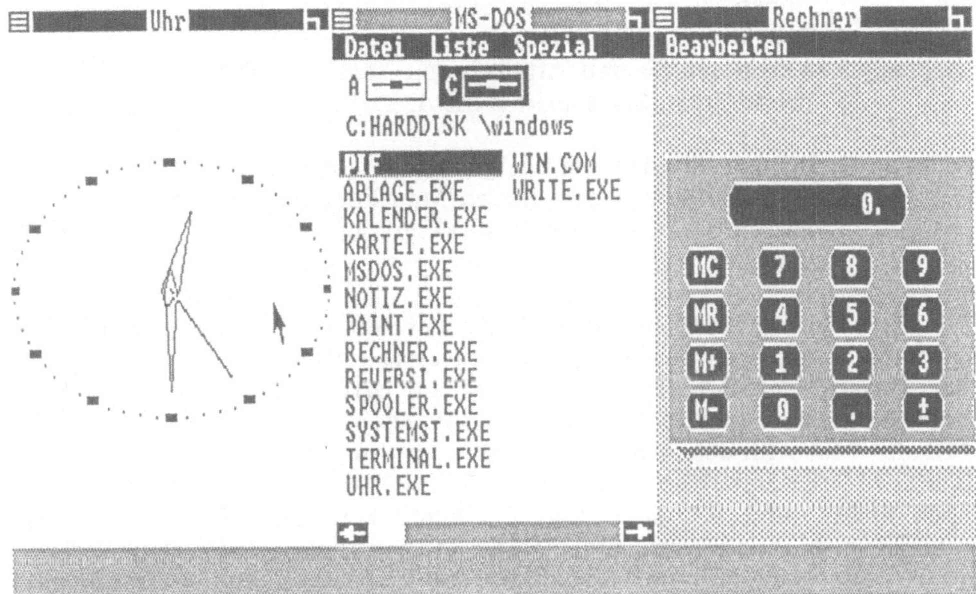

Jetzt haben Sie drei Fenster auf dem Bildschirm. Probieren Sie an dieser Stelle nochmals das Auswählen eines aktiven Fensters mittels **Alt-Tab** bzw. durch Anklicken mit der Maus.

Versuchen Sie einmal, ohne die unten stehenden Anweisungen zu lesen, den Taschenrechner und die Uhr als Sinnbild abzulegen, so daß nur noch das MS-DOS-Fenster auf dem Bildschirm zu sehen ist.

Tastatur: 1. Aktivieren Sie mit **Alt-Tab** die Uhr;
          2. Öffnen Sie mit **Alt-Leertaste** das Systemmenüfeld;
          3. Geben Sie *s* ein für Sinnbild;
          4. Drücken Sie **<RETURN>**;
          5. Aktivieren Sie mit **Alt-Tab** den Taschenrechner;
          6. Wiederholen Sie Schritt 2 bis 4.

Maus: 1. Bringen Sie den Mauszeiger in die Titelleiste der Uhr;
          2. Klicken Sie mit dem linken Mausknopfe zweimal;
          3. Lassen Sie den linken Mausknopf los.

Wie Sie sicher gemerkt haben, sind die Befehle jetzt kürzer geworden, da
nicht mehr alle Menüpunkte genau markiert worden sind. Wenn Sie mit
der Tastatur arbeiten, reicht es, in einem offenen Menü den Anfangsbuchstaben der gewünschten Option einzugeben, um diese anzuwählen.
Mit der Maus brauchen Sie gar kein Menü zu öffnen. Was Sie sonst mit
SYSTEM-VERSCHIEBEN oder SYSTEM-SINNBILD erreicht hätten, geht
auch anders und schneller. Das Doppelklicken der Maus ist eine der
schnellsten Möglichkeiten, einen Befehl auszuführen. Unter Doppelklicken
ist zu verstehen, daß der linke Mausknopf zweimal kurz hintereinander
gedrückt wird.

3.6 Speichern von Dateien

So wie der Taschenrechner und die Uhr gehört auch das nächste Programm, das Sie kennenlernen werden, zu den typischen Dingen, die Sie
sonst auf Ihrem Schreibtisch finden. Dabei handelt es sich um die Notiz-
zettel. Der Windows-Notizblock soll Ihnen helfen, Ordnung in Ihre Notizen zu bringen. Starten Sie jetzt das Programm NOTIZ.EXE.

Tastatur: 1. Markieren Sie mit den Pfeiltasten NOTIZ.EXE;
          2. Betätigen Sie die RETURN-Taste.

Maus: 1. Bringen Sie den Mauszeiger auf NOTIZ.EXE;
          2. Klicken Sie den linken Mausknopf zweimal an.

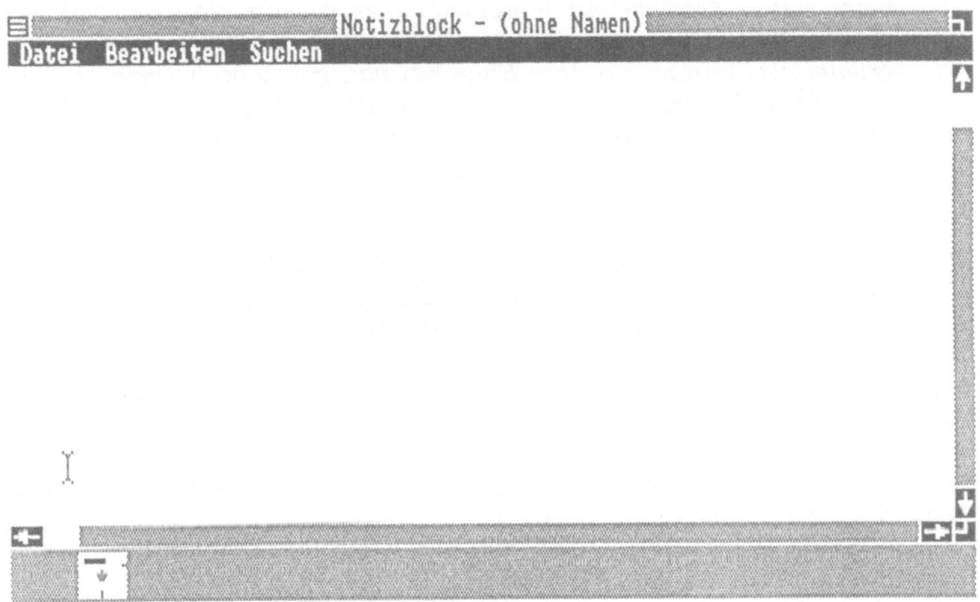

Auf dem Bildschirm erscheint eine leere Seite des Notizblocks, in die Sie
sofort Notizen aufnehmen können. Bevor Sie einen Text eintragen, stellen
Sie bitte im BEARBEITEN-Menü die Funktion ZEILENUMBRUCH ein.

Tastatur: 1. Öffnen Sie mit **Alt-Leerzeile** das Systemmenüfeld des
             Notizblocks;
          2. Betätigen Sie Pfeil rechts bis BEARBEITEN markiert ist;
          3. Geben Sie *z* ein für ZEILENUMBRUCH;
          4. Drücken Sie **<RETURN>**.

Maus: 1. Bringen Sie den Mauszeiger auf BEARBEITEN;
          2. Ziehen Sie den Mauszeiger herunter bis ZEILENUMBRUCH
             markiert ist;
          3. Lassen Sie den Mausknopf los.

Tragen Sie jetzt folgenden Text in den Notizblock ein:

Beim ersten Arbeiten mit Windows ist es wichtig, daß Sie sich genügend Zeit lassen, um die verschiedenen Reaktionen, die das Programm als Antwort auf Ihre Eingaben hat, genau beobachten zu können. Wenn Sie erst einmal die Systematik erkannt haben, die hinter der Bedienung von Windows steckt, werden Sie sehr rasch in der Lage sein, effektiv und schnell mit dem Programm arbeiten zu können.

Wenn Sie sich vertippen, können Sie den Fehler mit der Rückschritt-Taste korrigieren, bzw. mit den Pfeiltasten an die Textstelle gehen, die Sie korrigieren wollen und dann mit Rückschritt den Fehler löschen. Nachdem Sie Ihren Text eingetragen haben, besteht der nächste Schritt aus dem Abspeichern. Ein Text, der lediglich in das Notizbuch eingetragen wurde, den Sie aber noch nicht gespeichert haben, geht unwiderruflich verloren, wenn Sie Ihren Computer ausschalten. Ferner sollten Sie während der Arbeit an einem Text diesen zwischendurch sichern. Wie Sie dabei vorgehen, können Sie nun einmal ausprobieren:

Tastatur: 1. Öffnen Sie mit **Alt-Leertaste** das Systemmenüfeld;
          2. Gehen Sie mit Pfeil rechts bis zum DATEI-Menü;
          3. Geben Sie *s* ein für SPEICHERN;
          4. Drücken Sie **<RETURN>**.

Maus: 1. Bringen Sie den Mauszeiger auf das DATEI-Menü;
          2. Halten Sie den linken Mausknopf fest;
          3. Ziehen Sie die Maus herunter bis SPEICHERN markiert ist;
          4. Lassen Sie den Mausknopf los.

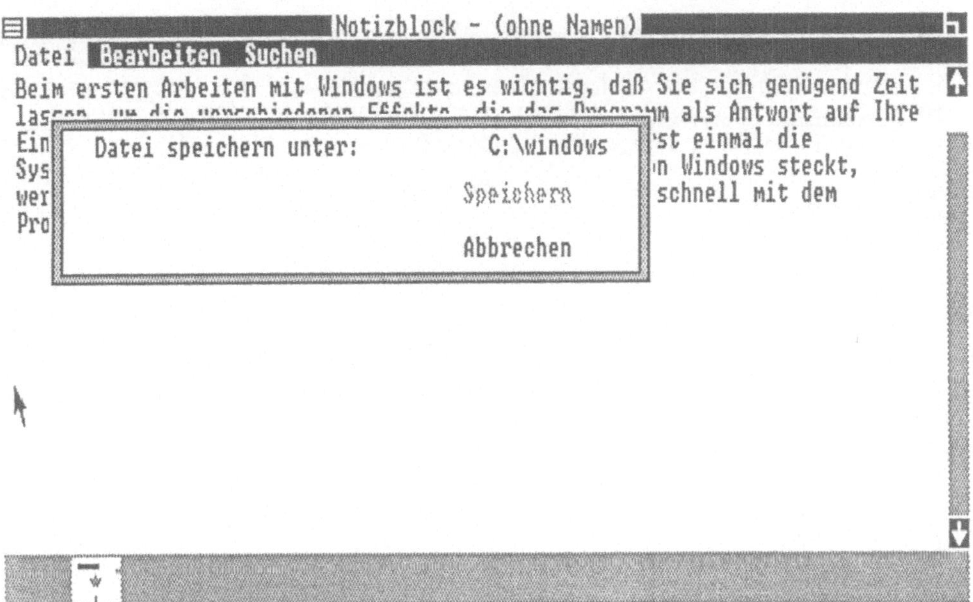

Als nächstes erscheint ein Dialogfeld, in die Sie den Namen Ihres zu speichernden Textes eintragen müssen. Beachten Sie dabei, daß zulässige Dateinamen aus maximal zwölf Zeichen bestehen, von denen acht vor dem Punkt und drei dahinter stehen können. Wählen Sie als Dateinamen für diese Übung FIRST.

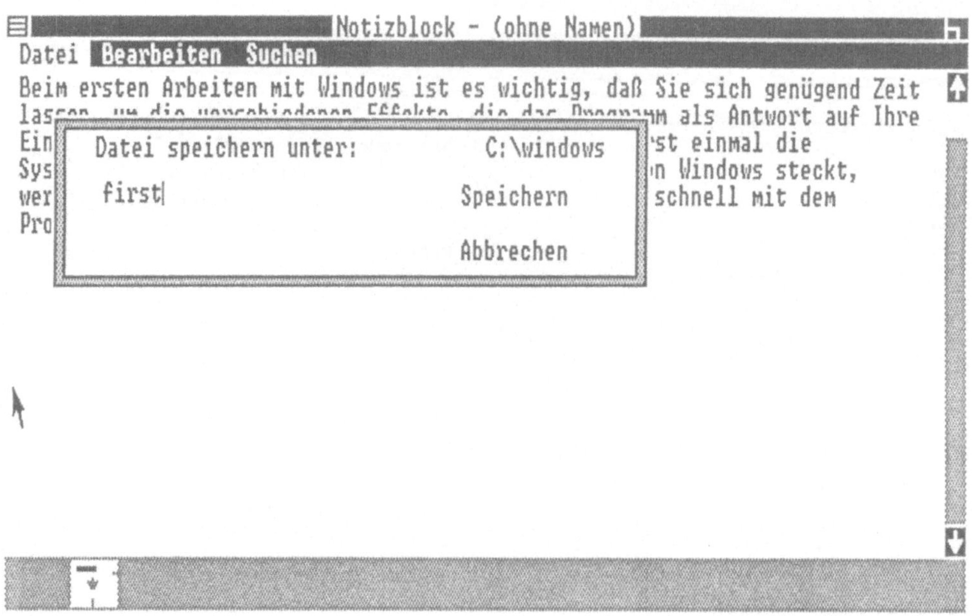

Zur Eintragung des Namens in das Dialogfeld drücken Sie bitte
<RETURN>. Ihr Text wird unter dem Namen FIRST.DAT abgespeichert
und kann jederzeit wieder aufgerufen werden. Alle Dateien, die Sie mit
dem Notizprogramm bearbeiten, erhalten automatisch die Erweiterung
.DAT, falls Sie nicht ausdrücklich etwas anderes angeben. Auch die Dateien, die Sie mit anderen Windows-Anwenderprogrammen erstellen, haben jeweils ein eigenes Kürzel für die Dateinamenserweiterung. In der
Auswahl erscheinen immer nur die zur Anwendung gehörenden Dateien,
was die Auswahl übersichtlicher macht. Die Bedeutung der Dateinamenserweiterung beim Laden von Dateien werden Sie später genauer
kennenlernen.
Es ist sicherlich eine gute Idee, jeden Eintrag im Notizprogramm mit dem
aktuellen Datum und der Zeit zu versehen. Dafür stellt Ihnen Windows
die Funktion UHRZEIT/DATUM im BEARBEITEN-Menü zur Verfügung. Probieren Sie das einmal aus.

Tastatur: 1. Öffnen Sie mit **Alt-Leertaste** das Systemmenüfeld;
          2. Drücken Sie Pfeil rechts bis BEARBEITEN markiert ist;
          3. Geben Sie *u* ein;
          4. Betätigen Sie die RETURN-Taste.

Maus: 1. Bringen Sie den Mauszeiger auf das BEARBEITEN-Menü;
          2. Halten Sie den linken Mausknopf fest;
          3. Ziehen Sie die Maus herunter bis UHRZEIT/DATUM
             markiert ist;
          4. Lassen Sie den Mausknopf los.

An der Cursorposition erscheint nun die Zeit und das Datum. Das gleiche
erreichen Sie, indem Sie die Funktionstaste *F5* drücken. In vielen Menüs
des Windows-Systems werden Sie Befehlsabkürzungen über Funktionstasten oder andere Tasten finden. Mit dieser Möglichkeit können Sie besonders schnell arbeiten.

Im BEARBEITEN-Menü finden Sie außerdem die Funktion ZEILENUM-
BRUCH. In den meisten Fällen ist es sinnvoll, diese Funktion zu aktivieren, da am rechten Rand des Notizblattes ein Wortumbruch automatisch
durchgeführt wird.

Eine nützliche Eigenschaft des Notizblocks ist die Suchfunktion. Hier
können Sie einzelne Wörter oder Daten suchen lassen. Damit Sie sehen,
wie diese Funktion arbeitet, suchen Sie einmal das Wort "Systematik" in
dem vorhin erstellten Text.

Tastatur: 1. Öffnen Sie mit **Alt-Leertaste** das Systemmenüfeld;
          2. Betätigen Sie Pfeil rechts bis SUCHEN markiert ist;
          3. Geben Sie *f* ein für SUCHEN.

Maus: 1. Bringen Sie den Mauszeiger auf SUCHEN;
          2. Halten Sie den linken Mausknopf fest;
          3. Ziehen Sie die Maus auf den Menüpunkt SUCHEN;
          4. Lassen Sie den Mausknopf los.

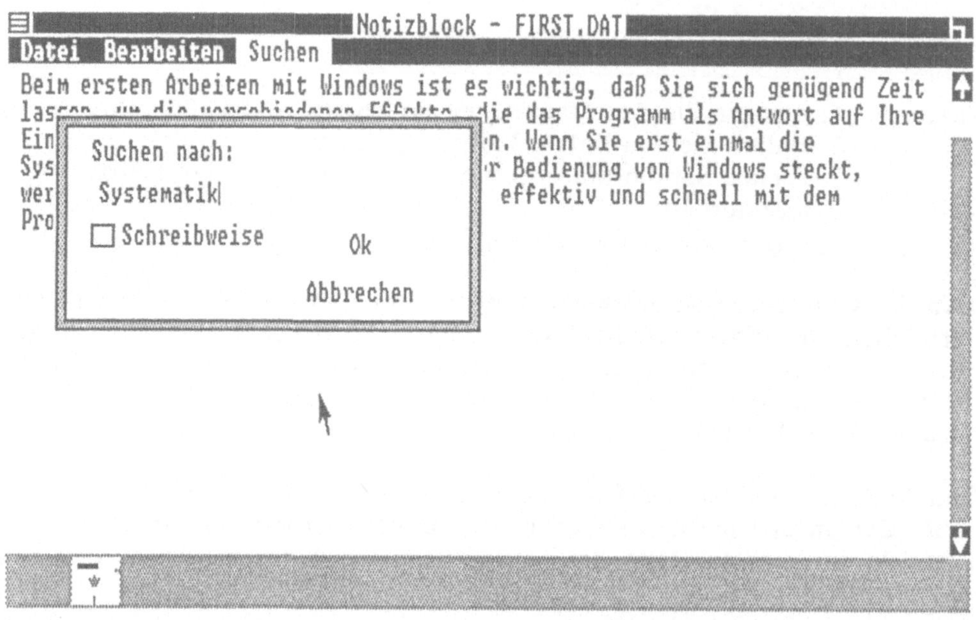

Nun erscheint ein Dialogfeld, in die Sie den Suchbegriff eintragen
müssen. Tragen Sie das Wort "Systematik" ein und drücken Sie
<RETURN>. Der gefundene Begriff wird dann schwarz unterlegt darge-
stellt. Mit der SUCHEN-Funktion haben Sie die Möglichkeit, sehr schnell
eine bestimmte Stelle in einer Notizdatei zu finden.

3.7 Zusammenfassung

Wenn Sie dieses Kapitel durchgearbeitet haben, können Sie bereits eine
ganze Reihe von Aufgaben mit Windows erledigen. Sie wissen jetzt, wie
Sie Windows und, ausgehend vom MS-DOS-Fenster, auch andere Programme starten können. Ferner sind Sie in der Lage, verschiedene Menüs
und deren Unterpunkte anzusteuern, sowie Bildschirmfenster nach Ihren
Wünschen auf dem Bildschirm zu plazieren. Die ersten einfachen Anwen-

dungen haben Sie bereits kennengelernt. In den folgenden Kapiteln werden Sie mit allen zum Lieferumfang von Windows gehörenden Programmen vertraut gemacht. Arbeiten Sie diese durch und versuchen Sie, aus den zahlreichen Bedienungsmöglichkeiten die für Sie am besten geeigneten herauszufinden.

4 Die Zwischenablage

In der Einleitung wurde bereits erwähnt, daß Sie bei Windows die Möglichkeit haben, Daten zwischen einzelnen Programmen auszutauschen. Außerdem können Sie in verschiedenen Anwenderprogrammen ganze Teile der Datei, die Sie gerade bearbeiten, verschieben. Diese Möglichkeiten werden alle über die Zwischenablage abgewickelt. Dieses Programm arbeitet im Hintergrund. Sie brauchen es nicht aufzurufen. Wenn Sie sich darüber informieren wollen, was sich gerade in der Ablage befindet, können Sie das Programm vom MS-DOS-Fenster aus starten, um sich seinen Inhalt anzeigen zu lassen. Die folgenden Übungen sollen Ihnen die verschiedenen Möglichkeiten demonstrieren.

4.1 Verschieben innerhalb einer Anwendung

An dieser Stelle werden Sie lernen, wie Sie einen Teil eines Textes an eine andere Stelle bringen können, ohne diesen neu einzugeben. Verwenden Sie für diese Übung den Text FIRST, den Sie in Kapitel 3 mit Hilfe des Notizblocks erstellt haben. Versuchen Sie jetzt, den ersten Satz dieses Textes von seiner ursprünglichen Position an das Ende der Datei zu versetzen. Dazu müssen Sie zunächst den Notizblock aufrufen und den Text FIRST laden. Wenn Sie das getan haben, gehen Sie bitte folgendermaßen vor:

Markieren Sie den ersten Satz.

Tastatur: 1. Drücken Sie HOME;
          2. Drücken Sie SHIFT und halten Sie diese Taste fest;
          3. Markieren Sie jetzt mit den Pfeiltasten den Text;
          4. Lassen Sie die SHIFT-Taste wieder los.

Maus: 1. Bringen Sie den Mauszeiger auf den Textanfang;
      2. Halten Sie den linken Mausknopf fest;
      3. Ziehen Sie die Maus über den ersten Satz;
      4. Lassen Sie den Mausknopf los.

Jetzt haben Sie den ersten Satz markiert und können diesen an eine andere Position bringen.

Tastatur: 1. Öffnen Sie mit **Alt-B** das Menü BEARBEITEN;
            2. Geben Sie *a* ein für AUSSCHNEIDEN;
            3. Drücken Sie **<RETURN>**.

Maus: 1. Bringen Sie den Mauszeiger auf das Menü BEARBEITEN;
            2. Halten Sie den linken Mausknopf fest;
            3. Markieren Sie den Menüpunkt AUSSCHNEIDEN;
            4. Lassen Sie den Mausknopf los.

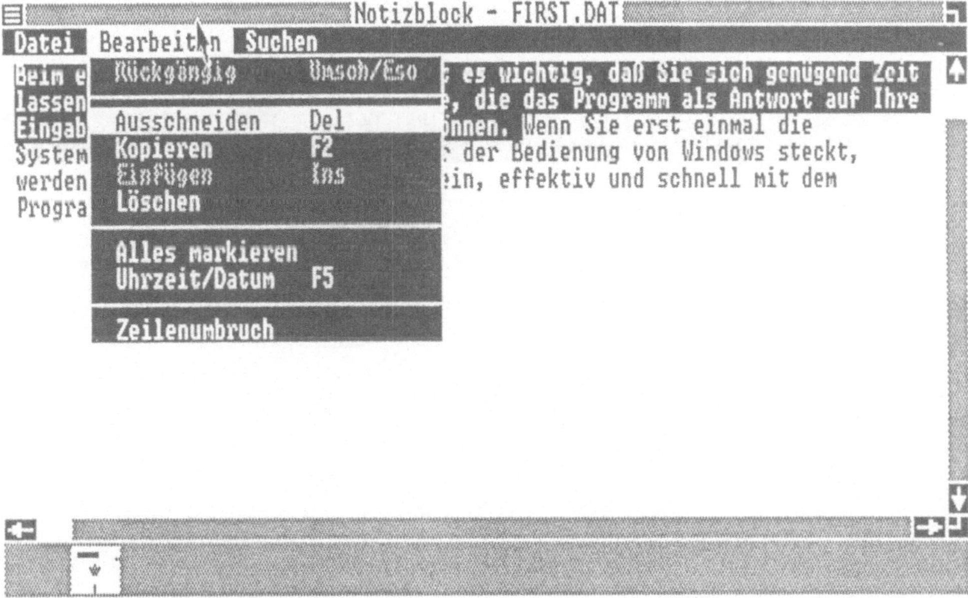

Der zuvor markierte Text verschwindet. Er ist in der Zwischenablage gespeichert und kann von dort an eine beliebige Position gebracht werden. Setzen Sie den in der Zwischenablage gespeicherten Teil an das Ende des Textes, der im Notizblock noch sichtbar ist.

Tastatur: 1. Gehen Sie mit den Pfeiltasten an das Textende;
         2. Öffnen Sie mit **Alt-B** das Menü BEARBEITEN;
         3. Geben Sie *e* ein für EINFÜGEN;
         4. Drücken Sie **<RETURN>**.

Maus: 1. Bringen Sie den Mauszeiger an das Textende;
         2. Klicken Sie den linken Mausknopf einmal kurz an;
         3. Bringen Sie den Mauszeiger auf das Menü BEARBEITEN;
         4. Halten Sie den linken Mausknopf fest;
         5. Markieren Sie den Menüpunkt EINFÜGEN;
         6. Lassen Sie den linken Mausknopf los.

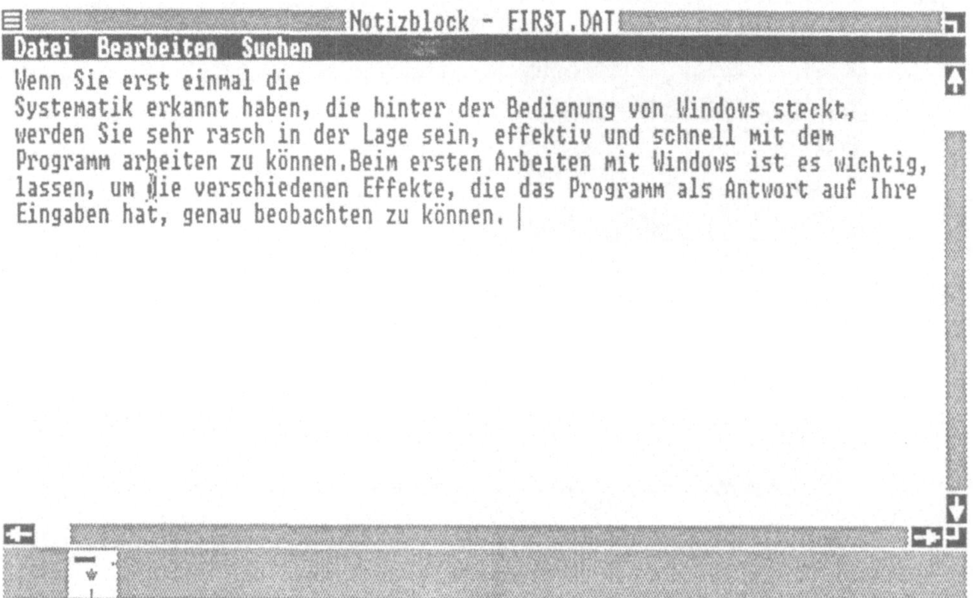

Der Text, den Sie zuvor markiert und ausgeschnitten haben, wird jetzt an
das Ende der Datei gesetzt.Die Funktionen AUSSCHNEIDEN, EINFÜ-
GEN und KOPIEREN werden häufig benutzt und sind durch Tastenbe-
fehle ausführbar, um die Arbeit zu erleichtern. Verwenden Sie jetzt bitte
die Tastaturbefehle DEL (Löschen, hier Ausschneiden) und INS
(Einfügen), um den Text wieder in seine ursprüngliche Form zu bringen.

1. Markieren Sie zunächst den letzten
   Satz.
2. Drücken Sie DEL, um den Satz
   auszuschneiden.
3. Gehen Sie mit HOME an den
   Textanfang.
4. Drücken Sie INS zum Einfügen.

Wie Sie sehen, geht das viel schneller als die zuerst vorgestellte Methode.
Sie sollten sich diese Art für das Verschieben von markierten Stellen merken.
Genauso arbeitet der Befehl KOPIEREN. Der Unterschied zum AUS-
SCHNEIDEN besteht darin, daß der Text, den Sie mit KOPIEREN bearbeiten zwar an die neu gewählte Position gebracht wird, aber an der alten
Stelle unverändert stehen bleibt. Zum EINFÜGEN sei an dieser Stelle
noch vermerkt, daß Daten, die sich in der Zwischenablage befinden, immer an der augenblicklichen Position des Cursors eingefügt werden. Dies
gilt jedoch nicht, wenn Sie einen Teil Ihrer Datei markiert haben. Wenn
Sie dann EINFÜGEN wählen, wird der markierte Teil durch den Inhalt
der Zwischenablage ersetzt.

4.2 Datenaustausch zwischen Programmen

Ähnlich wie Sie im vorherigen Abschnitt Textblöcke innerhalb des Notiz-
programms verschoben haben, können Sie auch Daten zwischen den verschiedenen Programmen, die Ihnen das Windows-System bietet, austauschen. Es ist z.B. kein Problem, eine Zeichnung, die Sie mit dem Zeichenprogramm erstellt haben, in Ihre Textverarbeitung zu übernehmen;
Adressen, die sich in der Datei befinden, können schnell und unkompli-
ziert in einen Brief eingefügt werden. Was Sie ausschneiden oder kopieren, gelangt in die Zwischenablage und kann von dort an eine beliebige
Stelle gebracht werden. Als Beispiel wird nun die Übertragung eines
Rechenergebnisses aus dem Taschenrechner in den Text einer Notizdatei
demonstriert. Bringen Sie dazu diese beiden Programme in zwei verschiedene Fenster auf den Bildschirm und laden Sie die Beispieldatei AUF-
GABEN in den Notizblock.
Ein Punkt dieser Notiz ist "Theaterkarten" mit der Frage, wieviel diese
zusammen kosten. Nehmen wir an, eine Karte kostet DM 23.67, und sie
haben 13 bestellt. Um auszurechnen, wieviel Geld Sie mitnehmen müssen,
um die Karten abzuholen, nehmen Sie bitte den Taschenrechner und
rechnen 13 mal 23.67. Das Ergebnis erscheint, sobald Sie die Taste "="
drücken. Übertragen Sie jetzt dieses Ergebnis in den Notizblock.

1. Drücken Sie die Funktionstaste F2
   für Kopieren.
2. Wechseln Sie zum Notizblock.
3. Bringen Sie den Cursor hinter das
   Fragezeichen.
4. Drücken Sie INS zum EINFÜGEN.

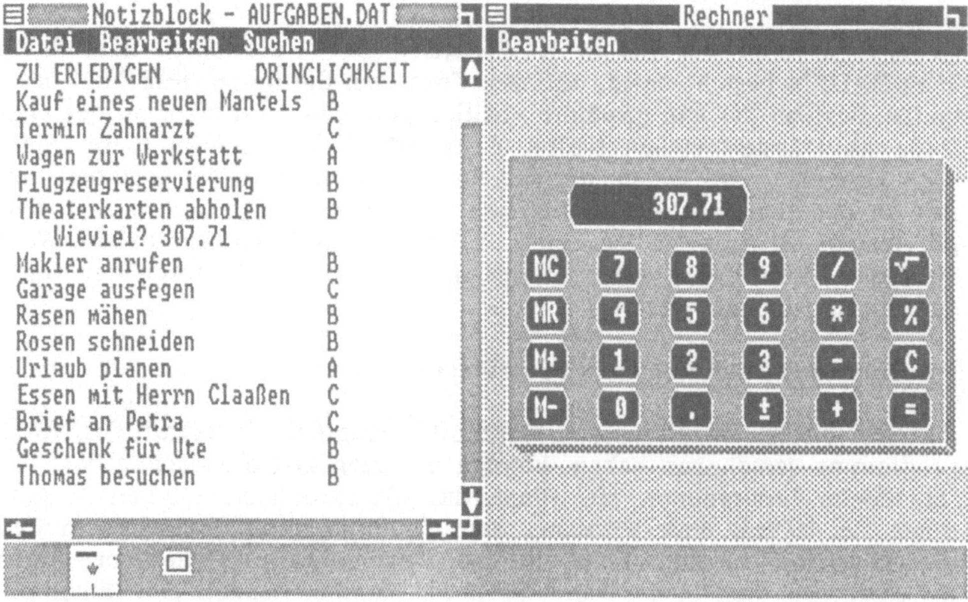

Wenn Sie alles richtig gemacht haben, erscheint jetzt der Betrag von DM
307.71 im Notizblock, und Sie haben Daten von einem Programm in ein
anderes übertragen.

4.3 Der Inhalt der Zwischenablage

Im Normalfall wird nicht angezeigt, was sich gerade in der Zwischenablage befindet, da dieses Programm im Hintergrund arbeitet. Sie können jedoch davon ausgehen, daß immer die Daten in der Ablage liegen, die zuletzt dort hinkopiert wurden. Wenn Sie etwas Neues in die Ablage bringen, wird der vorherige Inhalt gelöscht und durch den neuen ersetzt. In manchen Fällen wollen Sie sicher wissen, welche Daten Sie noch zur Verfügung haben. Sie können sich den Inhalt der Ablage anzeigen lassen:

Tastatur: 1. Markieren Sie das Program ABLAGE.EXE im MS-DOS-Fenster;
          2. Drücken Sie die **RETURN**-Taste.

Maus: 1. Klicken Sie das Programm ABLAGE.EXE im MS-DOS-Fenster an;
          2. Betätgen Sie die **RETURN**-Taste.

Das Aufrufen der Ablage bringt deren Inhalt zur Anzeige und Sie können überprüfen, welche Daten sich dort befinden. Neben dem eigentlichen Inhalt wird in der ersten Zeile noch angezeigt, um welche Datenart es sich handelt: Bitmap steht für Grafik, Text für Textzeichen.

5 MS-DOS

5.1 Funktionsübersicht

SYSTEM

GRÖSSE	: Verändert die Größe eines Fensters;
VERSCHIEBEN	: Bewegt ein Fenster auf dem Bildschirm;
SINNBILD	: Legt ein Fenster in der Sinnbildleiste ab;
VERGRÖSSERN	: Vergrößert bzw. verkleinert Fenster;
SCHLIESSEN	: Beendet gerade laufende Anwendung;
INFORMATION	: Gibt Informationen über die aktive Anwendung aus.

DATEI

AUFRUFEN	: Startet vorher markiertes Programm;
LADEN	: Lädt vorher markiertes Programm und setzt es in die Sinnbildleiste;
KOPIEREN	: Kopiert eine Datei an eine andere Stelle;
INFORMATION	: Liefert Informationen über Programme;
LÖSCHEN	: Löscht das markierte Programm;
DRUCKEN	: Druckt die markierten Dateien aus;
UMBENENNEN	: Gibt einer existierenden Datei einen neuen Namen.

LISTE

KURZ	: Zeigt Verzeichnis-Liste in der Kurzform an;
LANG	: Zeigt Verzeichnis-Liste in langer Form an;
ALLE	: Zeigt alle Dateien eines Directories;
TEILWEISE	: Zeigt nur den ausgewählten Teil eines Verzeichnisses;
PROGRAMME	: Zeigt nur die Programme eines Verzeichnisses;
NACH NAMEN	: Ausgabe wird nach Namen sortiert;
NACH DATUM	: Ausgabe wird nach Datum sortiert;
NACH GRÖSSE	: Ausgabe wird nach Dateigröße sortiert;
NACH ART	: Ausgabe wird nach Art der Dateien sortiert.

SPEZIAL

SITZUNG BEENDEN   : Beendet Arbeit mit Windows;
VERZEICHNIS ERSTELLEN   : Legt ein neues Verzeichnis an;
VERZEICHNIS WECHSELN   : Wechselt zu einem anderen
Verzeichnis;
DISKETTE FORMATIEREN   : Formatiert neue Disketten;
SYSTEMDISKETTE ERSTELLEN   : Formatiert neue Disketten und
                                   macht sie bootfähig;
DATENTRÄGER BENENNEN   : Gibt einer Diskette oder
                                   Festplatte einen Namen.

5.2 Anzeige von Dateien und Kommandos für Programme

Windows bietet eine Vielzahl von Möglichkeiten, Dateien, die auf der Arbeitsfläche des MS-DOS-Fensters zu sehen sind, darzustellen. Die einzelnen Optionen finden Sie im LISTE-Menü. Öffnen Sie das LISTE-Menü.

Tastatur: 1. Drücken Sie **Alt-L** für LISTE.

Maus: 1. Bringen Sie den Mauszeiger auf LISTE;
          2. Halten Sie den linken Mausknopf fest.

Beachten Sie: Bei der Tastaturbenutzung gibt es die Möglichkeit, mit der Tastenkombination **Alt-Anfangsbuchstabe** des entsprechenden Menüs das Menü mit diesem Anfangsbuchstaben anzeigen zu lassen. Mit der ESCAPE-Taste können Sie eine zuvor getroffene Auswahl rückgängig machen.
Als nächstes werden Sie die Optionen KURZ, LANG, ALLE, TEILWEISE und PROGRAMME des LISTE-Menüs kennenlernen. In der Kurzform werden Dateien und Unterverzeichnisse nur mit ihrem Namen auf der Arbeitsfläche dargestellt. Um bei dieser Darstellungsform zwischen normalen Dateien und Unterverzeichnissen unterscheiden zu können, sind letztere in Fettschrift abgebildet. Schalten Sie ein paarmal zwischen KURZ und LANG um und beobachten Sie die Anzeige der Dateien auf dem Bildschirm.

Tastatur: 1. Drücken Sie **Alt-L** zum Öffnen des LISTE-Menüs;
         2. Geben Sie *l* ein für LANG;
         3. Drücken Sie die **RETURN**-Taste.

Maus: 1. Bringen Sie den Mauszeiger auf LISTE;
         2. Halten Sie den linken Mausknopf fest;
         3. Ziehen Sie die Maus herunter bis LANG markiert ist;
         4. Lassen Sie den Mausknopf los.

```
                                 MS-DOS
 Datei  Liste  Spezial
 A [---]  C [---]   C:HARDDISK \windows
 PIF          <DIR>
 ABLAGE   .EXE     9744  12.05.86      12:00
 KALENDER .EXE    38096  12.05.86      12:00
 KARTEI   .EXE    37504  12.05.86      12:00
 MSDOS    .EXE        1  27.01.87      11:57
 NOTIZ    .EXE    19200  12.05.86      12:00
 PAINT    .EXE    90624  12.05.86      12:00
 RECHNER  .EXE    25056  12.05.86      12:00
 REVERSI  .EXE    15024  12.05.86      12:00
 SPOOLER  .EXE    13392  12.05.86      12:00
 SYSTEMST .EXE    53456  12.05.86      12:00
 TERMINAL .EXE    47920  12.05.86      12:00
 UHR      .EXE     7936  12.05.86      12:00
 WIN      .COM     5006  12.05.86      12:00
 WRITE    .EXE   192608   8.04.86      12:00
```

Die lange Darstellungsform bietet Ihnen mehr Informationen über vorhandene Dateien. Jede Datei wird in einer eigenen Zeile dargestellt. Dabei sehen Sie links den kompletten Dateinamen, die Größe der Datei in Bytes, das Datum und die Uhrzeit, zu der die Datei angelegt wurde. Außerdem haben Unterverzeichnisse noch den Zusatz "<DIR>", damit sie besser von Dateien unterschieden werden können. Im Gegensatz zur Kurzform braucht die ausführliche Darstellungsart mehr Platz auf der Arbeitsfläche. Das hat zur Folge, daß in vielen Fällen nicht immer alle Dateien eines aktiven Verzeichnisses auf einmal zu sehen sind. Sie können aber auf der Arbeitsfläche unter den Dateien blättern.
Stellen Sie nun bitte sicher, daß Sie sich im LANG-Format der Anzeige befinden und versuchen Sie, auf der Arbeitsfläche zu blättern.

Tastatur: Benutzen Sie dazu die Tasten PgUp und PgDn, die Sie am rechten oberen bzw. unteren Rand des Cursorblocks finden.

Maus: Bringen Sie den Mauszeiger auf das kleine, mit einem Pfeil gekennzeichnete Kästchen, das am rechten unteren Rand des Bildschirmfensters zu sehen ist. Drücken Sie mehrfach den linken Mausknopf. Sie sehen, wie die Anzeige langsam bis an das Ende des aktiven Fensters nach oben durchgeblättert wird.

Das Umblättern auf der Arbeitsfläche wird bei allen Windows-Anwendungen automatisch aktiv, sobald eine Ausgabe die normale Bildschirmgrösse überschreitet. Am rechten Bildschirmrand erscheint dann immer ein Balken mit zwei Richtungspfeilen, der Ihnen anzeigt, daß Sie im Moment nicht alles auf dem Bildschirm sehen, und der Maus zwei Richtungen zum Blättern gibt. Bei einigen Anwendungen, wie z.B. dem Notizblock, kann es vorkommen, daß die Breite des Bildschirms nicht für die gesamte Darstellung ausreicht. In diesem Fall erscheint dann zusätzlich am unteren Bildschirmrand ein Balken mit Richtungspfeilen, so daß sie dann auch horizontal in der Datei blättern können. Mit HOME, END und den Pfeiltasten können Sie die entsprechenden Positionen erreichen.
In der Regel werden Sie mit der Darstellungsform KURZ auskommen. Nur wenn Sie genauere Informationen über alle Dateien im aktuellen Verzeichnis haben wollen, sollten Sie LANG wählen. Eine weitere Möglichkeit, sich über bestimmte Dateien zu informieren, werden Sie gleich kennenlernen.
Die Optionen ALLE und PROGRAMME sind Ihnen sicher schon von den "ersten Schritten" her bekannt. Bei ALLE werden alle Dateien, die sich in einem Verzeichnis befinden, angezeigt, während PROGRAMME nur die in der Datei WIN.INI als Programme spezifizierten Dateien zur Anzeige bringt. In der Voreinstellung handelt es sich dabei um Dateien, deren Dateinamen die Erweiterung .COM, .EXE und .BAT trägt.

Noch ein Wort zu WIN.INI. Diese Datei enthält die Konfiguration Ihres Windows-Systems. D.h., beim Start von Windows werden eine Reihe von Parametern aus dieser Datei gelesen, mit denen Windows arbeitet. Sie können WIN.INI verändern und z.B. festlegen, daß bestimmte Programme direkt beim Starten von Windows geladen werden. Seien Sie jedoch sehr vorsichtig beim Editieren von WIN.INI. Unter Umständen kann es passieren, daß das gesamte System nicht mehr arbeitet, wenn Sie einen Fehler machen. Wie Sie mit dieser Datei arbeiten können, wird in einem späteren Kapitel gezeigt.

Eine weitere nützliche Option des LISTE-Menüs ist TEILWEISE. Hier erscheint ein Dialogfeld, in das sie ein Suchmuster eintragen können, damit in der Anzeige nur noch diesem Muster entsprechende Dateien zu sehen sind. Dazu eine kurze Übung. Versuchen Sie alle Dateien anzeigen zu lassen, die mit dem Buchstaben t beginnen.

Tastatur: 1. Drücken Sie **Alt-L** zum Öffnen des LISTE-Menüs;
          2. Geben Sie *t* ein für TEILWEISE;
          3. Drücken Sie **<RETURN>**.

Maus: 1. Bringen Sie den Mauszeiger auf LISTE;
          2. Halten Sie den linken Mausknopf fest;
          3. Zeihen Sie die Maus herunter bis TEILWEISE markiert ist;
          4. Lassen Sie den Mausknopf los.

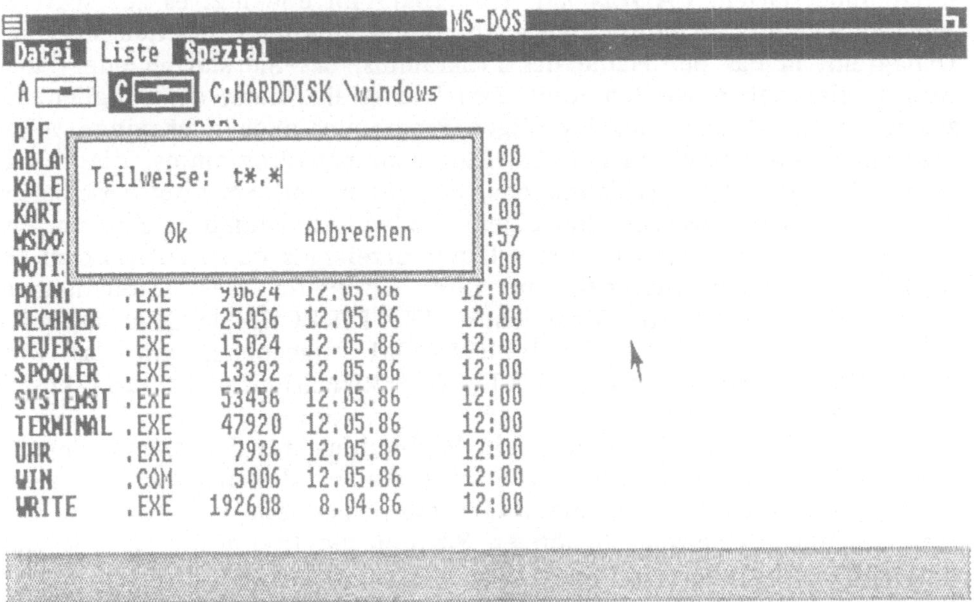

Jetzt erscheint ein Dialogfeld, in das Sie t*.* als Muster eingeben und
<RETURN> drücken. Wie Sie sehen, werden alle Dateien angezeigt, die
mit dem Buchstaben "t" beginnen. Ein solches Muster, wie Sie es oben
eingegeben haben, enthält Dateigruppenzeichen. Das bedeutet, Sie können
Teile von Dateinamen für die Suche bzw. Anzeige verstecken. Es wird
immer nur nach den übereinstimmenden Buchstaben gesucht. Versuchen
Sie alle Dateien zu finden, die die Erweiterung .DAT haben, indem Sie
wieder LISTE-TEILWEISE aktivieren und *.DAT in das Dialogfeld
eintragen. Neben dem * als Dateigruppenzeichen, das immer eine ganze
Buchstabenreihe innerhalb eines Dateinamens ersetzt, gibt es noch das
Fragezeichen (?), mit dem Sie einzelne Buchstaben maskieren können. Mit
Hilfe der bis jetzt behandelten Optionen des LISTE-Menüs sollten Sie in
der Lage sein, sich Dateien in verschiedenen Formaten anzeigen zu lassen
und unter Verwendung von Dateigruppenzeichen auch eine Liste von Dateien, die bestimmten Suchkriterien genügen, zu erzeugen.

Nun werden Sie die Optionen AUFRUFEN, LADEN UND INFORMA-
TION aus dem DATEI-Menü kennenlernen. Mit AUFRUFEN können Sie
Programme starten. LADEN lädt ein Programm und legt es zur späteren
Verwendung in der Sinnbildleiste ab. Beide Optionen arbeiten über ein
Dialogfeld, in das der Name des Programms, das Sie starten oder laden
wollen, eingegeben werden muß. Das Dialogfeld bietet die Möglichkeit,
zusätzlich zum Namen des jeweiligen Programms auch noch einen vollen
Pfadnamen aufnehmen zu können. Damit können Programme, die sich in
einem anderen Unterverzeichnis oder auf einem anderen Laufwerk befin-
den, angesprochen werden. Bei einem Pfadnamen handelt es sich um den
Weg, auf dem eine Datei in ihrem Unterverzeichnis und Laufwerk zu erreichen ist. Haben Sie z.B. auf Ihrer Festplatte eine Datei namens
TEST.COM, die sich im Verzeichnis TEXT\RECHNUNGEN befindet,
würde c:\TEXT\RECHUNGEN\TEST.COM angegeben, um das Programm zu starten, obwohl \TEXT\RECHNUNGEN nicht das aktuelle
Verzeichnis ist.
AUFRUFEN und LADEN dienen in Verbindung mit den entsprechenden
Dialogfeldern dem Ansprechen von Programmen, die sich nicht im aktuellen Unterverzeichnis befinden. Um ein Programm im aktuellen Unterverzeichnis zu starten, benötigen Sie nur die Pfeiltasten der Tastatur
und <RETURN> oder die Maus (zweimal kurz anklicken).
Wie Sie ein Programm mit Tastatur oder Maus laden, können Sie gleich
einmal mit dem Notizblock ausprobieren, da dieses Programm für eine
der nächsten Übungen benötigt wird.

Tastatur: 1. Markieren Sie mit den Pfeiltasten NOTIZ.EXE;
          2. Halten Sie die Umschalt-Taste gedrückt;
          3. Betätigen Sie die **RETURN**-Taste.

Maus: 1. Bringen Sie den Mauszeiger auf NOTIZ.EXE;
          2. Halten Sie die Umschalttaste-Taste gedrückt;
          3. Klicken Sie die Maus zweimal an.

Wie Sie sehen, wird der Notizblock nur geladen und in der Sinnbildleiste
abgelegt, aber nicht gestartet.
Aktivieren Sie nun Ihren Notizblock, damit Sie folgenden kurzen Text
eingeben können.

*"Dieser Text dient zur Erstellung einer Testdatei, die für weitere
Übungen benötigt wird"*.

Speichern Sie diesen Text bitte unter dem Namen TEST.DAT ab. Dazu müssen Sie das DATEI-Menü des Notizblocks öffnen und die Option SPEICHERN auswählen. Geben Sie *TEST* in das Dialogfeld ein. Nun bringen Sie wieder das MS-DOS-Fenster auf den Bildschirm. Versuchen Sie, mit Hilfe der Optionen des LISTE-Menüs die neue Datei TEST.DAT zu finden und markieren Sie diese. Damit Sie sich genauer über Ihre neue Datei informieren können, gibt es im DATEI-Menü des MS-DOS-Fensters die Option INFORMATION. Stellen Sie sicher, daß sie die Datei markiert haben. Öffnen Sie dann das DATEI-Menü und wählen Sie die Option INFORMATION.

Tastatur: 1. Öffnen Sie mit **Alt-D** das DATEI-Menü;
             2. Geben Sie *i* ein für INFORMATION;
             3. Drücken Sie **<RETURN>**.

Maus: 1. Bringen Sie den Mauszeiger auf das DATEI-Menü;
             2. Halten Sie den linken Mausknopf fest;
             3. Ziehen Sie die Maus herunter, bis INFORMATION markiert ist;
             4. Lassen Sie den Mausknopf loslassen.

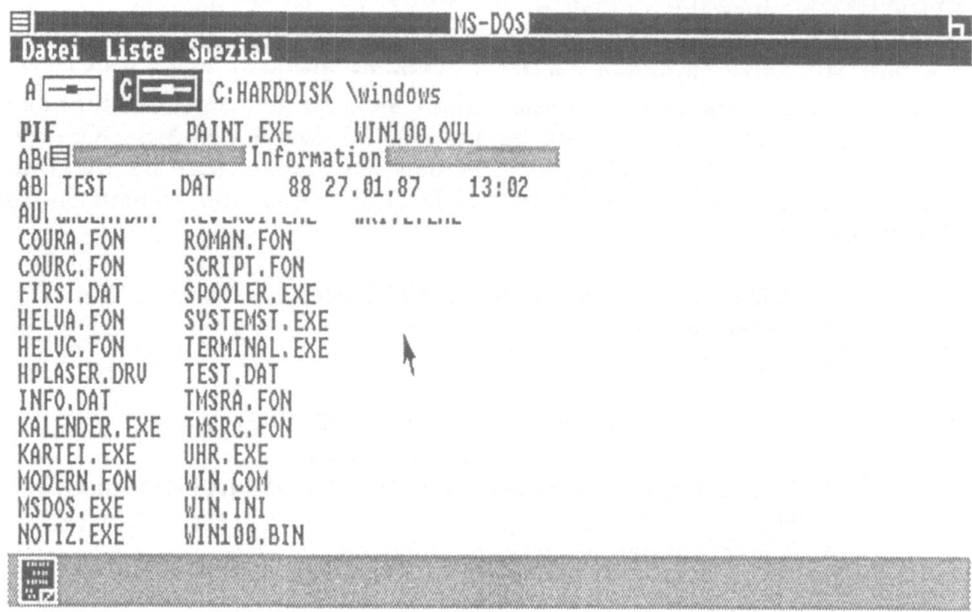

Jetzt erscheint auf dem Bildschirm ein kleines Fenster mit Angaben zu
der Datei TEST.DAT (entsprechend dem LANG-Format des LISTE-
Menüs). Das INFORMATION-Fenster enthält ein eigenes Systemmenüfeld
mit verschiedenen Optionen. Wählen Sie die Option VERSCHIEBEN, um
das Fenster auf dem Bildschirm zu bewegen.

Tastatur: 1. Öffnen Sie das Systemmenüfeld mit **Alt–Leertaste**;
         2. Geben Sie *v* ein für VERSCHIEBEN;
         3. Bewegen Sie das Fenster mit den Pfeiltasten;
         4. Geben Sie **<RETURN>** ein.

Maus: 1. Bringen Sie den Mauszeiger in die oberste Zeile des Fensters;
         2. Halten Sie den linken Mausknopf fest;
         3. Bringen Sie das Fenster an die gewünschte Position;
         4. Lassen Sie den Mausknopf los.

Mit INFORMATION können Sie z.B. die Größe einer Datei ermitteln. Schließen Sie das Info-Fenster, um wieder zum MS-DOS-Fenster zurückzukommen.

5.3 Sortieren und Kopieren von Dateien; Arbeit mit Disketten

Das LISTE-Menü enthält noch einige Optionen, die das Sortieren von Dateien nach verschiedenen Kriterien ermöglichen. Es sind die Menüpunkte NACH NAMEN, NACH DATUM, NACH GRÖSSE und NACH ART. Wählen Sie zunächst LISTE-ALLE, damit etwas zum Sortieren vorhanden ist.

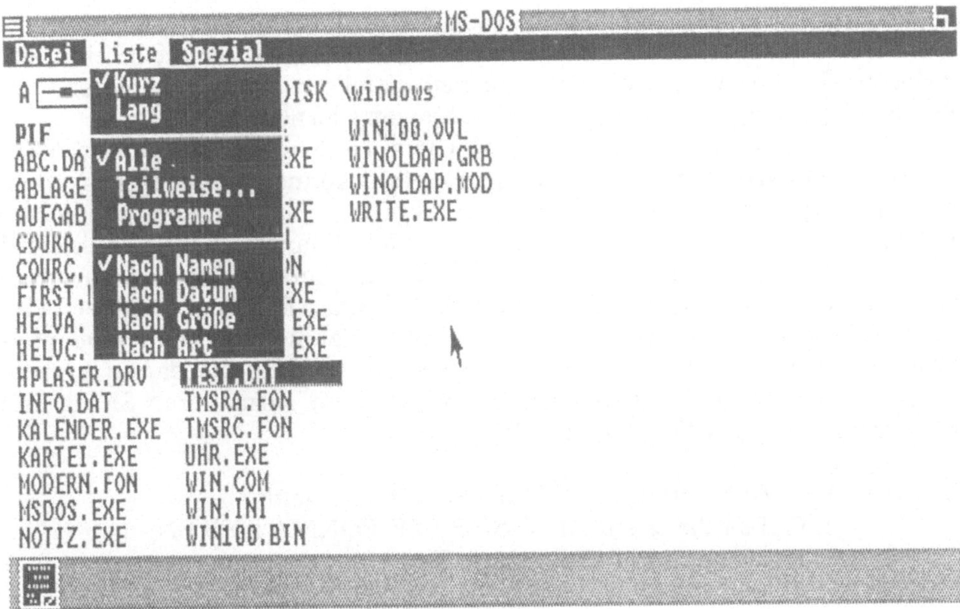

Die Voreinstellung für sortierte Unterverzeichnis-ausgaben ist immer NACH NAMEN. Das heißt, Sie erhalten stets eine alphabetische Liste aller Dateien. Am Anfang erscheinen die Unterverzeichnisse in sich sortiert. Die Option NACH DATUM sortiert alle Dateien entsprechend dem Datum, an dem sie angelegt worden sind. Neue Dateien stehen dabei immer am Anfang. Wenn Sie eine nach Dateigröße geordnete Liste benötigen, wählen Sie NACH GRÖSSE. Sie erhalten mit NACH ART eine Liste, die nach den Dateierweiterungen geordnet ist, d.h., alle Dateien mit .BAT kommen vor den Dateien mit .DAT usw.

Wir wollen nun mit der von Ihnen erstellten Textdatei arbeiten. Auch wenn es sich nur um einen kurzen Text handelt, ist diese Datei geeignet, um verschiedene Arbeitsschritte an ihr zu demonstrieren. Im Normalfall werden Sie immer Dokumente haben, die in Form von Dateien vorliegen. Diese müssen Sie kopieren, umbenennen, drucken, eventuell wieder löschen und vor allen Dingen sichern. Dem letzten Punkt kommt besondere Bedeutung zu. Sie sollten von allen wichtigen Dateien Sicherheitskopien haben, damit Sie stets auf diese zurückgreifen können, wenn das Original nicht mehr brauchbar ist. Zu diesem Zweck legen Sie sich ein paar Arbeitsdisketten an, auf die Sie Ihre neu erstellten Dateien kopieren. Wie Sie dabei am besten vorgehen, werden Sie jetzt lernen.

Im SPEZIAL-Menü des MS-DOS-Fensters finden Sie die Option DISKETTE FORMATIEREN. Mit diesem Befehl können Sie neue Disketten, die nicht direkt einsatzfähig sind, vorbereiten. Neue Disketten müssen formatiert sein, bevor sie verwendet werden können. Natürlich können auch Disketten formatiert werden, auf denen bereits Daten gespeichert sind. Aber – jede Information, die sich auf einer Diskette befindet, wird durch Formatieren unwiderruflich gelöscht. Nehmen Sie nun eine neue Diskette oder eine andere von der Sie wissen, daß Sie die darauf gespeicherten Informationen nicht mehr benötigen, und formatieren Sie sie mit der Option DISKETTE FORMATIEREN.

Tastatur: 1. Öffnen Sie mit **Alt-S** das SPEZIAL-Menü;
          2. Geben Sie *d* ein für DISKETTE FORMATIEREN;
          3. Drücken Sie die **RETURN**-Taste.

Maus: 1. Bringen Sie den Mauszeiger auf SPEZIAL;
          2. Halten Sie den linken Mausknopf gedrückt;
          3. Ziehen Sie die Maus herunter;
          4. Markieren Sie DISKETTE FORMATIEREN;
          5. Lassen Sie den Mausknopf los.

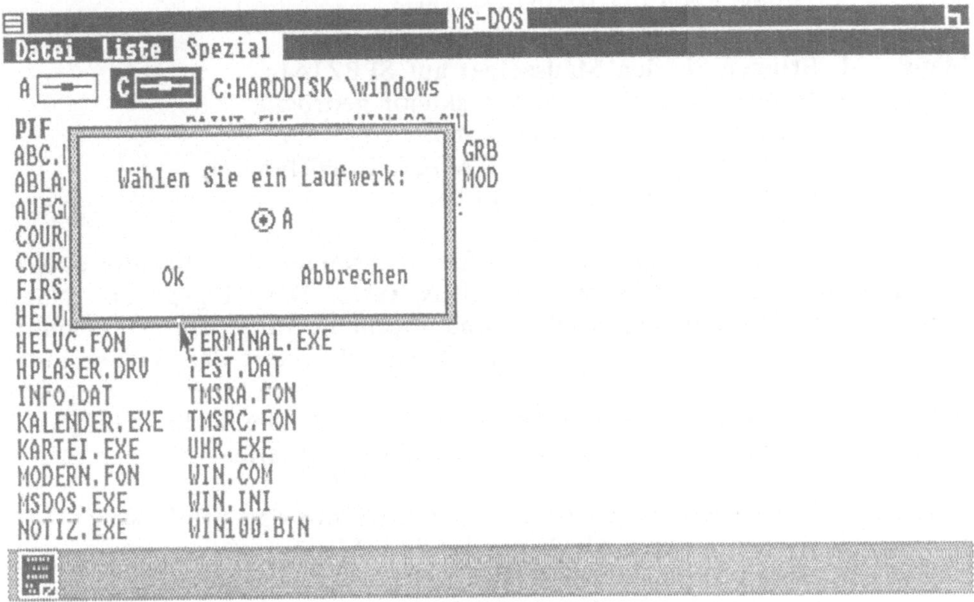

Nun erscheint ein Dialogfeld, in der Sie nach bem Diskettenlaufwerk ge-
fragt werden, in dem sich die zu formatierende Diskette befindet. Geben
Sie hier das entsprechende Laufwerk an. Drücken Sie die **RETURN**-Taste.
Die Diskette wird formatiert. Das Windows-Formatierungsprogramm fängt
sofort mit der Formatierung an! Wenn die Formatierung beendet ist haben
Sie die Möglichkeit, Ihrer Diskette einen Namen zu geben. Das erreichen
Sie mit der Option DATENTRÄGER BENENNEN im SPEZIAL-Menü.
Schalten Sie vorher auf das Laufwerk um, in dem sich die formatierte
Diskette befindet.

Tastatur: 1. Öffnen Sie mit **Alt-S** das SPEZIAL-Menü;
          2. Geben Sie zweimal *d* ein für DATENTRÄGER BENENNEN;
          3. Drücken Sie die **RETURN**-Taste.

Maus: 1. Bringen Sie den Mauszeiger auf SPEZIAL;
          2. Halten Sie den linken Mausknopf gedrückt;
          3. Ziehen Sie die Maus herunter;
          4. Markieren Sie DATENTRÄGER BENENNEN;
          5. Lassen Sie den Mausknopf los.

Nun erscheint ein Dialogfeld, in das Sie den Namen der Diskette eintragen müssen. Betätigen Sie die **RETURN**-Taste. Der eingegebene Name wird auf die Diskette geschrieben und erscheint in jedem Verzeichnis. Die Verwendung von Datenträgerkennsätzen erleichtert das Wiederfinden einer Diskette.
Sie haben jetzt alle Vorbereitungen getroffen, um die Datei TEST.DAT zu sichern. Kopieren Sie diese nur noch auf die Diskette.

Tastatur: 1. Markieren Sie die Datei TEST.DAT mit den Pfeiltasten;
          2. Öffnen Sie mit **Alt-D** das DATEI-Menü;
          3. Geben Sie *k* ein für KOPIEREN;
          4. Drücken Sie die **RETURN**-Taste.

Maus: 1. Bringen Sie den Mauszeiger auf die Datei TEST.DAT;
          2. Markieren Sie die Datei durch einmaliges Anklicken;
          3. Bringen Sie den Mauszeiger auf das DATEI-Menü;
          4. Halten Sie den linken Mausknopf fest;
          5. Ziehen Sie die Maus herunter bis KOPIEREN markiert ist;
          6. Lassen Sie den Mausknopf los.

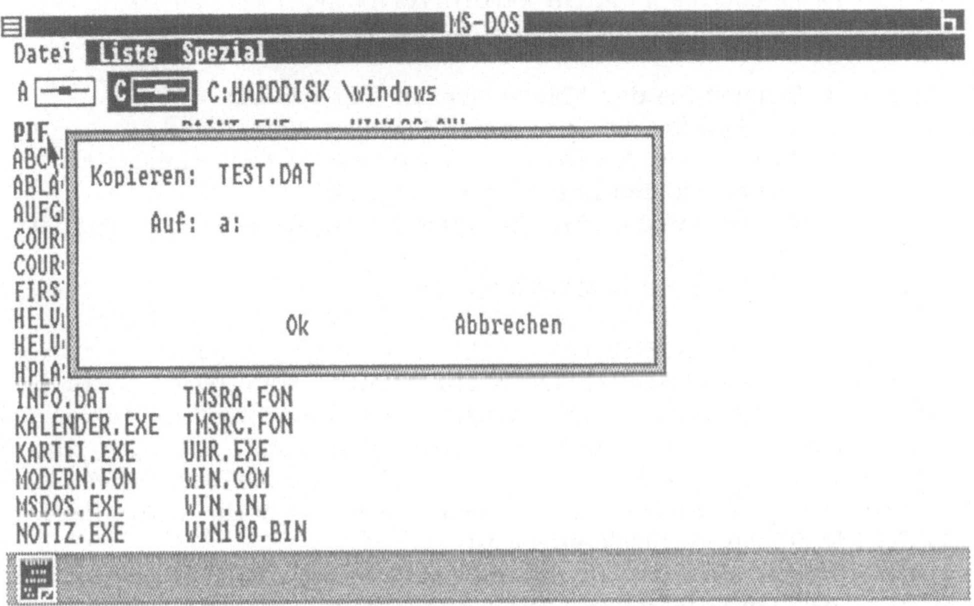

Es erscheint ein Dialogfeld. In der ersten Zeile steht die zu kopierende
Datei, in die zweite Zeile müssen Sie eintragen, wohin die Datei kopiert
werden soll. Tragen Sie bitte den Buchstaben des Laufwerks ein, das Sie
vorhin benutzt haben, gefolgt von einem Doppelpunkt, z.B. A:. Drücken
Sie dann die **RETURN**-Taste. Jetzt wird Ihre Datei auf die Diskette
übertragen und Sie haben eine Sicherheitskopie erstellt. Für Datendisket-
ten ist die Option DISKETTE FORMATIEREN vorgesehen. Wenn Sie jedoch eine Diskette benötigen, die das Betriebssystem Ihres Computers
enthält (für den Ladevorgang), verwenden Sie die Option SYSTEM-
DISKETTE ERSTELLEN.
In einigen Fällen ist es nötig, Dateien umzube-nennen. Zu diesem Zweck
gibt es die Option UMBENENNEN des DATEI-Menüs.

Tastatur: 1. Markieren Sie TEST.DAT mit den Pfeiltasten;
          2. Öffnen Sie mit **Alt-D** das DATEI-Menü;
          3. Geben Sie *u* ein für UMBENENNEN;
          4. Drücken Sie die **RETURN**-Taste.

Maus: 1. Bringen Sie den Mauszeiger auf TEST.DAT;
          2. Klicken Sie die Datei zum Markieren einmal an;
          3. Bringen Sie den Mauszeiger auf das DATEI-Menü;
          4. Halten Sie den linken Mausknopf fest;
          5. Ziehen Sie die Maus herunter bis UMBENENNEN markiert
             ist;
          6. Lassen Sie den Mausknopf los.

Ähnlich wie beim KOPIEREN-Befehl, den Sie gerade ausprobiert haben,
erscheint auch bei UMBENENNEN ein Dialogfeld, in dessen zweite Zeile
Sie den neuen Namen der Datei eintragen müssen. Wählen Sie
TEST01.DAT als Dateinamen für diese Übung und betätigen Sie die
RETURN-Taste. Sehen Sie sich das Verzeichnis an. Sie werden feststellen,
daß die Datei TEST.DAT nicht mehr existiert, dafür aber die Datei
TEST01.DAT neu hinzugekommen ist.
In der gleichen Weise arbeiten die beiden Optionen DRUCKEN und LÖ-
SCHEN des DATEI-Menüs. DRUCKEN druckt die ausgesuchte Datei,
während LÖSCHEN die Datei löscht. Der LÖSCHEN-Befehl sollte sehr
vorsichtig benutzt werden, da er keine Nachfrage ausgibt, ob die ausgewählten Dateien wirklich gelöscht werden sollen. Damit Sie sehen, wie
der Befehl arbeitet, können Sie als Übung die Datei TEST01.DAT löschen.

Tastatur: 1. Markieren Sie TEST01.DAT mit den Pfeiltasten;
          2. Öffnen Sie mit **Alt-D** das DATEI-Menü;
          3. Geben Sie zweimal *l* ein für LÖSCHEN;
          4. Drücken Sie die **RETURN**-Taste.

Maus: 1. Bringen Sie den Mauszeiger auf TEST01.DAT;
          2. Klicken Sie die Datei zum Markieren einmal an;
          3. Bringen Sie den Mauszeiger auf das DATEI-Menü;
          4. Halten Sie den linken Mausknopf fest;
          5. Ziehen Sie die Maus herunter bis LÖSCHEN markiert ist;
          6. Lassen Sie den Mausknopf los.

Wenn Sie das erscheinende Dialogfeld mit **<RETURN>** bestätigen, wird
die Datei TEST01.DAT gelöscht.
Die letzte wichtige Option des DATEI-Menüs ist DRUCKEN. Mit
DRUCKEN können Sie Daten- und Textdateien ausdrucken lassen. Ver-

suchen Sie nicht Programme (Dateien mit der Erweiterung .EXE oder
.COM) zu drucken.
Die wichtigsten Möglichkeiten der Dateimanipulation kennen Sie nun. Bei
einigen Optionen des DATEI-Menüs ist es sinnvoll, Dateien in Gruppen
zusammenzufassen. Wie Gruppen gebildet werden, soll nun noch besprochen werden.
Um beispielsweise mehrere Dateien, die in der Anzeige der Arbeitsfläche
untereinander stehen, in einem Arbeitsgang zu kopieren, müssen alle Dateien markiert werden. Dazu halten Sie die Umschalttaste gedrückt, während Sie mit der Maus oder den Pfeiltasten die Dateien markieren. Versuchen Sie, fünf untereinander-stehende Dateien zu markieren.

Tastatur: 1. Markieren Sie mit den Pfeiltasten die erste Datei;
          2. Halten Sie die Umschalttaste gedrückt;
          3. Markieren Sie mit den Pfeiltaste die restlichen Dateien;
          4. Lassen Sie die Umschalttaste los.

Maus: 1. Klicken Sie die erste Datei an;
          2. Halten Sie die Umschalttaste gedrückt;
          3. Klicken Sie die restlichen Dateien an;
          4. Lassen Sie die Umschalttaste los.

Stehen die Dateien, die Sie markieren wollen, nicht alle in einer Reihe,
sondern sind sie über die gesamte Arbeitsfläche des MS-DOS-Fensters
verteilt, müssen Sie anders vorgehen, wenn Sie mit der Tastatur arbeiten.

Tastatur: 1. Markieren Sie mit den Pfeiltasten die erste Datei;
          2. Drücken Sie die Umschalt- und Leertaste bis die Datei
             markiert ist;
          3. Wählen Sie mit **Ctrl**-Pfeiltaste die nächste Datei an;
          4. Betätigen Sie die Umschalt- und Leertaste, um diese zu
             markieren.

Die letzten beiden Schritte wiederholen Sie solange, bis alle gewünschten
Dateien markiert sind. Wenn Sie mit der Maus arbeiten, können Sie wie
beim Markieren zusammenstehender Dateien vorgehen. Die Optionen
KOPIEREN, INFORMATION, LÖSCHEN und DRUCKEN des DATEI-
Menüs lassen sich auf diese Weise mit mehreren Dateien durchführen.

5.4 Systemmenüfeld und Arbeit mit Unterverzeichnissen

Das Systemmenüfeld ist allen Windows-Anwendungen gemeinsam und soll an dieser Stelle vervollständigt werden, da die meisten Optionen bereits aus Kapitel 3 bekannt sind. Zunächst findet man im Systemmenüfeld die Option GRÖSSE. Sie dient der Größenänderung des Bildschirmfensters. GRÖSSE wird erst aktiv, wenn mehrere Programme in Fenstern abgelegt sind. Laden Sie daher die Uhr rechts neben das MS-DOS-Fenster. Mit GRÖSSE können Sie nun die Größe der Uhr oder auch die des MS-DOS-Fensters variieren.

Tastatur: 1. Drücken Sie **Alt-Tab** bis die Uhr aktiv ist;
          2. Öffnen Sie mit **Alt-Leertaste** das Systemmenüfeld der Uhr;
          3. Geben Sie *g* für GRÖSSE ein;
          4. Drücken Sie die **RETURN**-Taste;
          5. Verändern Sie die Fenstergröße mit den Pfeiltasten;
          6. Betätigen Sie die **RETURN**-Taste.

Maus: 1. Klicken Sie das Systemmenüfeld der Uhr an;
          2. Ziehen Sie die Maus auf den Menüpunkt GRÖSSE;
          3. Lassen Sie den Mausknopf los;
          4. Verändern Sie mit der Maus die Fenstergröße;
          5. Klicken Sie die gewünschte Größe einmal an.

Beachten Sie beim Verändern der Fenstergröße, daß Sie zunächst die derzeitige Größe des Fensters einmal überschreiten und dann mit den Pfeiltasten oder der Maus in das Fenster hineingehen müssen, wenn Sie es verkleinern wollen.

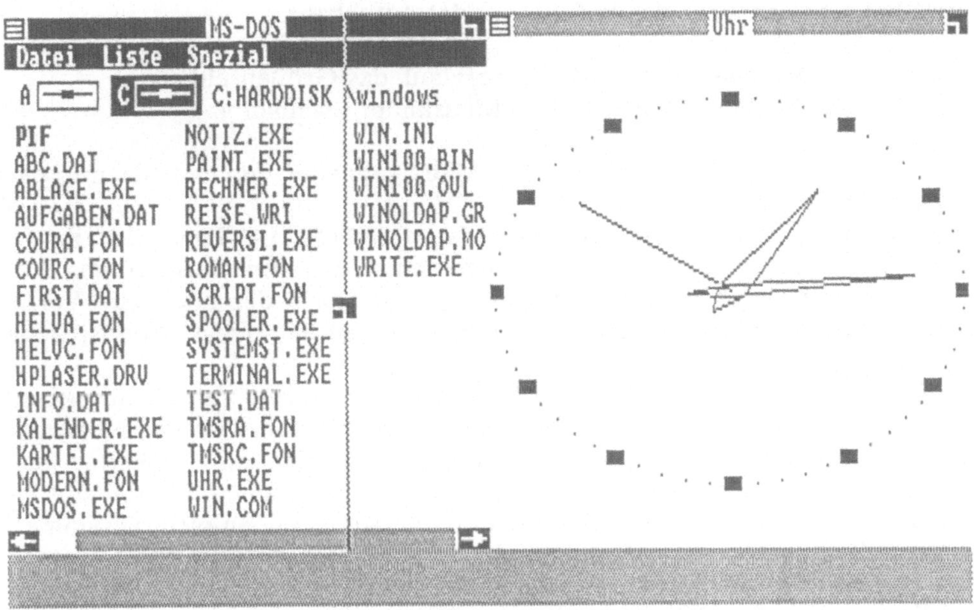

Die Fenstergröße kann auch mit VERGRÖSSERN verändert werden. Dabei wird die Arbeitsfläche des aktiven Programms über die Sinnbildleiste gelegt bzw. wieder auf das normale Maß reduziert, wenn nur ein Fenster geöffnet ist. Sind mehrere Fenster auf dem Bildschirm dargestellt, wird das aktive Fenster über den gesamten Bildschirm ausgebreitet, bzw. beim zweiten "Zoomen" wieder in seine ursprüngliche Größe gebracht. Probieren Sie die VERGRÖSSERN-Option mehrmals hintereinander aus, um den Effekt zu beobachten.

GRÖSSE und VERGRÖSSERN lassen sich mit der Maus auch noch auf andere Art verwenden. Sicher erinnern Sie sich an die Definition des Größenfelds. Sie können das Größenfeld benutzen, um die Fenstergröße mit der Maus zu verändern.

Maus: 1. Bringen Sie den Mauszeiger auf das Größenfeld;
            2. Halten Sie den linken Mausknopf fest;
            3. Bewegen Sie die Maus bis zur gewünschten Fenstergröße;
            4. Lassen Sie den Mausknopf los.

Sie können mit der Maus das aktive Fenster auch auf den gesamten Bildschirm ausdehnen. Die anderen Fenster werden dann darunter abgelegt und bei Wiederholung des Befehls wieder aufgebaut.

Maus: 1. Bringen Sie den Mauszeiger auf das Größenfeld;
           2. Klicken Sie den linken Mausknopf zweimal an.

Auf diese Weise läßt sich mit der Maus schneller zoomen als mit dem Systemmenüfeld.
Die letzte Option des Systemmenüfelds ist INFORMATION. Sie gibt für die verschiedenen Programme Informationen aus. Im Beispiel des MS-DOS-Fensters wird dessen Titel und Symbol sowie der noch zur Verfügung stehende Platten- bzw. Diskettenplatz und der freie Hauptspeicher angezeigt.
Ein weiterer wichtiger Punkt, der Ihnen die Arbeit mit Windows erleichtert, ist die Verwendung von Unterverzeichnissen. Das Betriebssystem Ihres Comnputers erlaubt Ihnen, nicht nur Dateien auf Disketten oder Festplatten einfach abzuspeichern, sondern Sie können logisch zusammenhängende Dateien gruppenweise in Unterverzeichnissen zusammenfassen. Das steigert die Übersichtlichkeit und die Sicherheit Ihres Systems.
Es ist sinnvoll, alle Texte, die mit einem Textverarbeitungsprogramm erstellt wurden, im Unterverzeichnis TEXT unterzubringen. Daten und Texte, die Sie in Ihrem Rechner gespeichert haben, sollten nicht in einem einzigen Unterverzeichnis gehalten werden. Wenn Sie etwas Zeit in die Organisation einer Festplatte investieren, macht sich das schnell bezahlt. Daher an dieser Stelle ein paar Hinweise zu den nötigen Befehlen und ein Vorschlag für eine einfache Plattenhierarchie: Alles, was Sie zur Einrichtung einer vernünftigen Dateistruktur benötigen, finden Sie im MS-DOS-Fenster unter SPEZIAL. Mit dem Kommado VERZEICHNIS ERSTELLEN können Sie sich Unterverzeichnisse aufbauen und anschließend Ihre Daten und Programme an die entsprechenden Stellen kopieren. Seien Sie vorsichtig, wenn es um kopiergeschützte Software geht. Viele dieser Programme lassen sich zwar auf Festplatten installieren, aber meist besitzen sie einen eingebauten Zählmechanismus, der nur drei oder vier Installationen ermöglicht. Weitere Informationen zur Handhabung von Unterverzeichnissen finden Sie in Ihrem DOS-Handbuch unter den Kommandos md (make directory), cd (change directory) und rd (remove directory). An gleicher Stelle können Sie sich auch darüber informieren, welche Pfade (path) Sie setzen müssen, um die wichtigsten Programme von jeder Position aus starten zu können, ohne das entsprechende Unterverzeichnis anzuwählen.
Zwei Unterverzeichnisse sollten Sie auf jeden Fall anlegen, eines für die Diskette mit Ihrem Betriebssystem und eines für Windows. Für Windows wurde hoffentlich bei der Installation bereits ein Unterverzeichnis ange-

legt. Damit könnte Ihr Stammverzeichnis - das ist das oberste Verzeichnis,
zu dem es keine Verzweigungen (nach oben) gibt - schon so aussehen:

```
\
\DOS
\WINDOWS
```

Im DOS-Verzeichnis können Sie alles unterbringen, was zu Ihrer System-
diskette gehört. Nur ein paar spezielle Dateien müssen in das Stammverzeichnis. Das sind normalerweise COMMAND.COM, AUTOEXEC.BAT
und CONFIG.SYS. In der Datei AUTOEXEC.BAT, die Sie z.B. mit dem
Notizblock editieren können, sollten Sie die Angaben über die nötige
Pfade (path) unterbringen. Nehmen wir an, Sie besitzen ein Textprogramm, verschiedene Compiler und ein paar Spiele, dann könnte eine
durchdachte Festplatte so aussehen:

```
\DOS
\WINDOWS
\TEXT
\COMPILER
\SPIELE
AUTOEXEC.BAT
CONFIG.SYS
COMMAND.COM
```

Innerhalb der einzelnen Unterverzeichnisse können Sie weitere anlegen.
Ein Beispiel ist das Windows-System. Hier befinden sich in \WINDOWS
die beiden Unterverzeichnisse PIF und TMP, falls Sie das Unterverzeichnis zur Aufnahme temporärer Dateien dort installiert haben:

```
\DOS
\WINDOWS
\WINDOWS\PIF
\WINDOWS\TMP
\TEXT
\COMPILER
\SPIELE
AUTOEXEC.BAT
CONFIG.SYS
COMMAND.COM
```

Das sollte als Anregung für die Organisation Ihrer Festplatte bzw. Disketten reichen. Versuchen Sie ein paar der Vorschläge auf Ihrem System
einzubeziehen und vermeiden Sie Unterverzeichnisse mit 150 oder mehr

Dateien. Denn: Sie geben del *.sowieso ein und alles, was Sie gerade dringend brauchen, ist gelöscht (auch Dateien anderer Anwendungen).
Wie Sie Unterverzeichnisse einrichten und zwischen diesen mit Hilfe von Windows wählen, werden Sie nun sehen.
Zunächst versuchen Sie einmal, innerhalb von \WINDOWS ein weiteres Unterverzeichnis aufzumachen.

Tastatur: 1. Öffnen Sie mit **Alt-S** das SPEZIAL-Menü;
        2. Geben Sie *v* ein für VERZEICHNIS ERSTELLEN;
        3. Drücken Sie die **RETURN**-Taste.

Maus: 1. Bringen Sie den Mauszeiger auf das SPEZIAL-Menü;
        2. Halten Sie den linken Mausknopf fest;
        3. Ziehen Sie die Maus auf VERZEICHNIS ERSTELLEN;
        4. Lassen Sie den Mausknopf los.

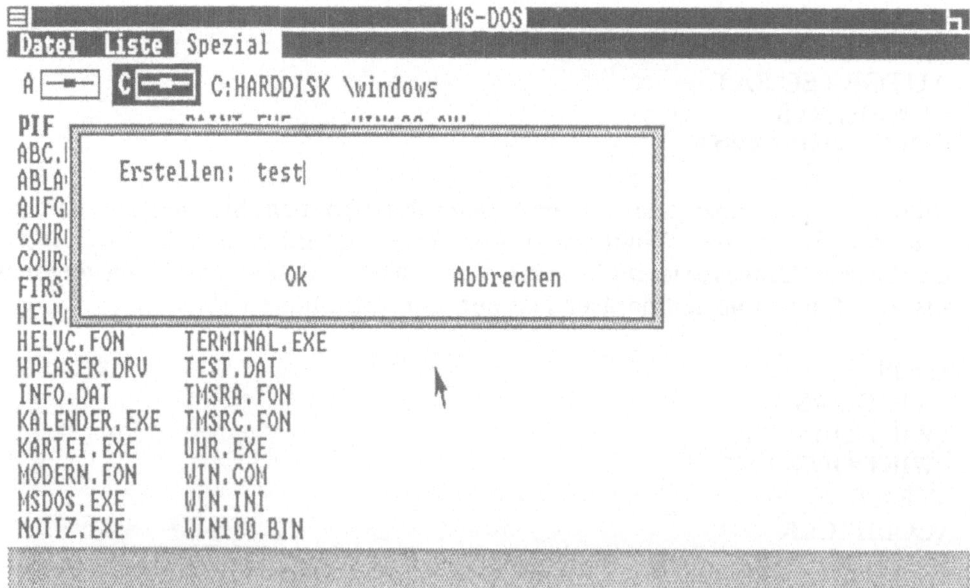

Nach der Auswahl erscheint ein Dialogfeld, in das Sie den Namen des neuen Unterverzeichnisses eingeben. Tragen Sie hier TEST ein und drücken Sie die **RETURN**-Taste.
Das neue Unterverzeichnis wird angelegt und Windows wechselt dort hinein. Die Arbeitsfläche des MS-DOS-Fensters bleibt zunächst leer, da sich in dem neuen Unterverzeichnis keine Dateien befinden. Kopieren Sie jetzt die Datei TEST.DAT, die Sie bei einer der vorigen Übungen erstellt haben, von der Diskette auf die Festplatte. Dazu müssen Sie zuerst auf das Diskettenlaufwerk umschalten und den Kopiervorgang starten. Gehen Sie wieder nach C. Jetzt ist die Datei TEST.DAT auf der Festplatte im Unterverzeichnis \WINDOWS\TEST. Sie sehen, daß sich alle Aktivitäten auf das gerade aktive Unterverzeichnis beziehen. Ihre Datei ist in \WINDOWS\TEST angekommen, und nicht etwa in \WINDOWS.
Zum Zurückkehren nach \WINDOWS gehen Sie folgendermaßen vor.

Tastatur: 1. Öffnen Sie mit **Alt-S** das SPEZIAL-Menü;
           2. Geben Sie zweimal *v* ein für VERZEICHNIS WECHSELN;
           3. Drücken Sie die **RETURN**-Taste.

Maus: 1. Bringen Sie den Mauszeiger auf das SPEZIAL-Menü;
           2. Halten Sie den linken Mausknopf fest;
           3. Ziehen Sie die Maus auf VERZEICHNIS WECHSELN;
           4. Lassen Sie den Mausknopf los.

Nun erscheint ein Dialogfeld, das das aktuelle Unterverzeichnis schwarz unterlegt darstellt. Drücken Sie jetzt so oft die Rücktaste, bis \TEST verschwunden ist. Betätigen Sie die **RETURN**-Taste. Windows wechselt jetzt in das nächst höhere Unterverzeichnis.
Mit der Maus können Sie auch den Namen des Unterverzeichnisses, zu dem Sie zurückkehren möchten, zweimal kurz anklicken. Den Namen finden Sie auf der Arbeitsfläche rechts neben den Laufwerksymbolen. Jetzt befinden Sie sich wieder in \WINDOWS.
Um wieder in \WINDOWS\TEST zu gelangen, markieren Sie das Unterverzeichnis TEST auf der Arbeitsfläche und betätigen die **RETURN**-Taste oder klicken TEST mit der Maus zweimal an. Kehren Sie dann zu \WINDOWS zurück.
Versuchen Sie nun, das Unterverzeichnis TEST wieder zu löschen. Dazu müssen Sie TEST markieren und DATEI-LÖSCHEN ausführen. Wenn Sie das Dialogfeld mit <RETURN> beantwortet haben, erscheint eine Meldung, daß TEST nicht gelöscht werden kann, weil das Unterverzeichnis nicht leer ist. Sie können Unterverzeichnisse nicht löschen, solange diese Dateien enthalten. Damit die Löschung trotzdem gelingt , wechseln Sie bitte nach \WINDOWS\TEST und löschen die Datei, die Sie von der Diskette dort hinkopiert haben. Gehen Sie zurück zu \WINDOWS und löschen TEST endgültig.

Sie sind nun in der Lage mit Unterverzeichnissen umzugehen. Verlassen Sie Windows mit der Option SITZUNG BEENDEN im SPEZIAL-Menü. Das entspricht SCHLIESSEN im SYSTEM-Menü des MS-DOS-Fensters.

5.5 Arbeit mit dem Kommandointerpreter COMMAND.COM

Wenn Sie mit den DOS-Befehlen Ihres Computers vertraut sind, können Sie diese während der Arbeit mit Windows verwenden. Sie haben die Möglichkeit, den Kommandointerpreter COMMAND.COM in Ihre Anwendungen zu integrieren. Mit dem AUFRUFEN-Kommando des DATEI-Menüs können Sie COMMAND.COM starten. Auf einer Festplatte würde dann C:\COMMAND.COM in das Dialogfeld eingetragen bzw. A:COMMAND.COM, wenn das Programm von Diskette gestartet werden soll. Der Kommandointerpreter wird dann in ein Fenster geladen und alle DOS-Befehle stehen zur Verfügung. Um die Anwendung zu verlassen, geben Sie exit ein und schließen das aktive Fenster mit dem SCHLIESSEN-Befehl des Systemmenüfelds.

6 Der Taschenrechner

6.1 Funktionsübersicht

SYSTEM: siehe Kapitel 5.

BEARBEITEN

KOPIEREN: Kopiert Anzeige des Rechners in die Ablage.
EINFÜGEN: Bringt Inhalt der Ablage in die Anzeige.

6.2 Starten des Taschenrechners

Markieren Sie im MS-DOS-Fenster die Datei RECHNER.EXE und starten Sie diese.

Tastatur: Markieren Sie mit den Pfeiltasten das Programm RECH-
NER.EXE und drücken Sie dann die **RETURN**-Taste.

Maus: Bringen Sie den Mauszeiger auf das Programm RECHNER.EXE
und starten Sie das Programm mit einem Doppelklicken des
linken Mauszeigers.

6.3 Grundrechenarten

Der Taschenrechner verfügt über die vier Grundrechenarten sowie über ein paar Zusatzfunktionen. Sie können mit der Tastatur oder mit der Maus arbeiten. Wenn Ihre Tastatur über ein zusätzliches Feld zur Eingabe von Zahlen verfügt, müssen Sie zunächst die Taste NUMLOCK betätigen, um die Tastenbelegung dieses Feldes von Cursorsteuerung auf Zahleneingabe umzustellen. Sie können jedoch auch die normalen Zahlentasten Ihrer Tastatur benutzen. Führen Sie die folgenden Berechnungen aus.

Tastatur: 1. Geben Sie 5 ein;
          2. Geben Sie + ein;
          3. Geben Sie 6 ein;
          4. Drücken Sie = (Umschalt-Taste 0).

Maus: 1. Klicken Sie mit der Maus 5 an;
         2. Klicken Sie das Pluszeichen (+) an;
         3. Klicken Sie mit der Maus 6 an;
         4. Klicken Sie der Maus = an.

Es erscheint die Zahl 11 in der Anzeige. Auf die gleiche Art können Sie
die anderen Grundrechenarten bedienen (* Multiplizieren, / Dividieren, -
Subtrahieren). Beachten Sie bitte, daß das Ergebnis einer Berechnung erst
angezeigt wird, wenn Sie = betätigt haben. Mit **<RETURN>** können Sie
eine Berechnung nicht abschließen!
Auf dem Taschenrechner sehen Sie die Funktion C für "Clear" (Löschen).
Damit können Sie die Anzeige löschen. Auch ein Dezimalpunkt ist
vorhanden.

6.4 Speicherfunktionen

Der Taschenrechner verfügt über vier Funktionstasten, die mit dem
Speicher benutzt werden können. Dabei handelt es sich um Speicher
löschen, anzeigen, Speicherinhalt addieren und Speicherinhalt subtrahieren. Diese Speicher benötigen Sie, um Zwischenergebnisse innerhalb
einer Berechnung abzulegen. Die einzelnen Speicherfunktionen haben
dabei folgende Bedeutung:

> MC: löscht Inhalt des Speichers;
> MR: zeigt Inhalt des Speichers an;
> M+: addiert den Anzeigewert zum Wert im Speicher;
> M-: subtrahiert den Anzeigewert vom Wert im Speicher.

Mit der Tastatur können Sie die Speicherfunktionen bedienen, indem Sie
die Tastenkombination *M* und die dazu gehörende Taste drücken. Wenn
Sie den Speicher löschen wollen, drücken Sie *M*, halten diese Taste fest,
drücken *C* und lassen beide Tasten wieder los. Auf die gleiche Art lassen
sich auch die anderen Speicherfunktionen bedienen.
Mit der Maus brauchen Sie jeweils nur die gewünschte Taste auf dem
Taschenrechner anzuklicken.
Die folgende Übung soll Ihnen kurz den Gebrauch des Speichers zeigen.
Multiplizieren Sie vier mit acht.

Tastatur: 1. Drücken Sie *C* für Anzeige löschen;
          2. Geben Sie *8* ein;
          3. Drücken Sie *C* und halten Sie diese Taste fest;
          4. Drücken Sie jetzt *C* für Speicher löschen;
          5. Drücken Sie *C* und halten Sie dies Taste fest;
          5. Betätigen Sie viermal die Plus-Taste;
          6. Lassen Sie die Taste C wieder los;
          7. Drücken Sie jetzt die Tastenkombination MR.

Maus: 1. Klicken Sie C für Löschen der Anzeige an;
          2. Klicken Sie 8 an;
          3. Klicken Sie MC für Löschen des Speichers an;
          4. Drücken Sie viermal mit der Maus auf M+;
          5. Klicken Sie MR für Anzeige des Speichers an.

Natürlich hätten Sie "vier mal acht" auch direkt eingeben können. Aber
jetzt haben Sie einmal gesehen, wie mit den Speicherfunktionen des
Taschenrechners gearbeitet wird.

6.5 Zusatzfunktionen

Zu den Zusatzfunktionen des Taschenrechners gehören Vorzeichen-
wechsel, Prozenttaste und Quadratwurzel. Genau wie die Speicherfunktionen lassen sie sich direkt mit der Maus anklicken oder über die
Tastatur mit besonderen Kommandos eingeben. Dabei gelten die
folgenden Abkürzungen:

          Q : Quadratwurzel.
          % : Prozentrechnung.
          N : Vorzeichenwechsel.

6.6 Funktionen des Menüs BEARBEITEN

Im Menü BEARBEITEN stehen Ihnen die Kommandos KOPIEREN und
EINFÜGEN zur Verfügung. Mit diesen Befehlen können Sie den Inhalt
der Anzeige Ihres Taschenrechners in die Zwischenablage bringen, bzw.
den Inhalt der Ablage in die Anzeige des Rechners übertragen. Die
Funktionen sind nützlich, wenn Sie bei der Arbeit zwischendurch etwas
berechnen müssen und das Ergebnis dann in eine andere Anwendung
übertragen wollen. Informieren Sie sich im Kapitel 4 über die genaue
Arbeitsweise und die Anwendungsmöglichkeiten der Zwischenablage.

7 Die Uhr

7.1 Starten der Uhr

Markieren und starten Sie im MS-DOS-Fenster die Datei UHR.EXE.

Tastatur: Markieren Sie mit den Pfeiltasten UHR.EXE und betätigen Sie
die **RETURN**-Taste.

Maus: Bringen Sie den Mauszeiger auf die Datei UHR.EXE und
starten Sie das Programm mit einem Doppelklicken des linken
Mauszeigers.

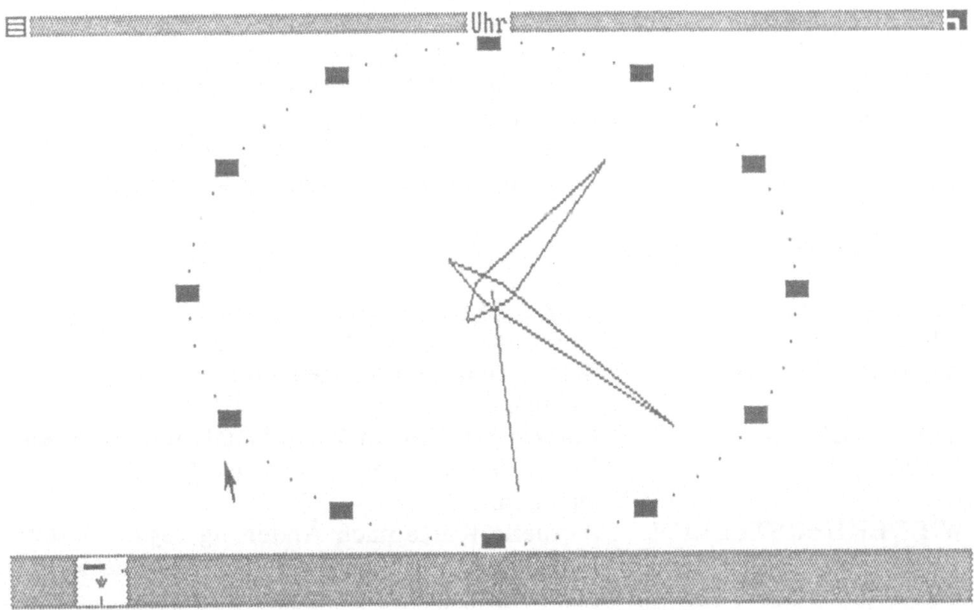

Auf dem Bildschirm erscheint die Uhr. Mit Hilfe des Windows-Programms SYSTEMST.EXE können Sie die richtige Uhrzeit einstellen.

8 Die Kartei

Die Windows-Kartei ist ein Programm zur Verwaltung sortierter Dateien.
Hier können Sie z.B. ein Telefonverzeichnis Ihrer Kunden erstellen, eine
Kartei verschiedener Produkte anlegen und vieles mehr. Die Möglichkeiten dieses Programms werden anhand einer Adreßdatei in den Übungen
vorgestellt.

8.1 Funktionsübersicht

SYSTEM: siehe Kapitel 5.

DATEI

NEU   : Arbeit in einer leeren Datei beginnen;
DATEI LADEN   : Vorhandene Datei laden;
SPEICHERN   : Bearbeitete Datei speichern;
SPEICHERN UNTER   : Datei unter neuem Namen speichern;
DRUCKEN   : Angezeigte Karte drucken;
ALLES DRUCKEN   : Inhalt der gesamten Datei drucken;
ZUSAMMENFÜGEN   : Ausgesuchte Datei an aktuelle anfügen.

BEARBEITEN

RÜCKGÄNGIG   : Letzte Aktion wieder rückgängig machen;
INDEX   : Verändern der Stichwortzeile;
AUSSCHNEIDEN   : Markierten Teil löschen und in Ablage
                          bringen;
KOPIEREN   : Markierten Teil in Zwischenablage kopieren;
EINFÜGEN   : Inhalt der Ablage an aktuelle Position
                          bringen;
WIEDERHERSTELLEN   : Aktuelle Karte nach Änderung regenerieren;
TEXT   : Aufnahme von normalem Text in eine Karte;
BILD   : Aufnahme von Grafik in eine Karte.

ANSICHT

KARTEN   : Datei in Kartenform darstellen;
LISTE   : Datei als Liste darstellen.

KARTE

ZUFÜGEN	: Neue Karte anlegen;
LÖSCHEN	: Aktuelle Karte löschen;
DUPLIZIEREN	: Aktuelle Karte nochmals erzeugen;
WÄHLSYSTEM	: Automatisches Wählen einer Telefonnummer.

SUCHEN

GEHE ZU	: Suchen in der Stichwortzeile;
SUCHEN	: Suchen im Textfeld der Kartei;
WEITERSUCHEN	: Letzte Suche im Textfeld wiederholen.

Abkürzungen:

SHT/ESC	: Rückgängig.
F6	: Index anlegen oder korrigieren.
DEL	: Ausschneiden.
F2	: Kopieren.
INS	: Einfügen.
F9	: Ansicht Karten.
F10	: Ansicht Liste.
F7	: Karte zufügen.
F8	: Karte löschen.
F5	: Telefonnummer wählen.
F4	: Gehe zu.
F3	: Weitersuchen.

8.2 Starten der Kartei

Markieren und starten Sie im MS-DOS-Fenster die Datei KARTEI.EXE .

Tastatur: Markieren Sie mit den Pfeiltasten KARTEI.EXE und bestätigen Sie mit der **RETURN**-Taste.

Maus: Bringen Sie den Mauszeiger auf die Datei KARTEI.EXE und starten Sie das Programm mit einem Doppelklicken des linken Mauszeigers.

Nachdem Sie das Programm gestartet haben, erscheint eine leere Karteikarte auf dem Bildschirm. Sie können sofort mit der Arbeit beginnen. Die
Karten sind in zwei Bereiche unterteilt: die Stichwortzeile und den Informationsbereich. In die Stichwortzeile tragen Sie die Schlüsselwörter der
Datei ein, nach denen diese geordnet sein soll. Bei einer Adreßdatei würden Sie hier z.B. Name und Vorname eingeben. Der Informationsbereich
dient dazu, weitere Eintragungen auf einer Karte aufzunehmen. Neben
Text können Sie hier auch Grafiken ablegen.

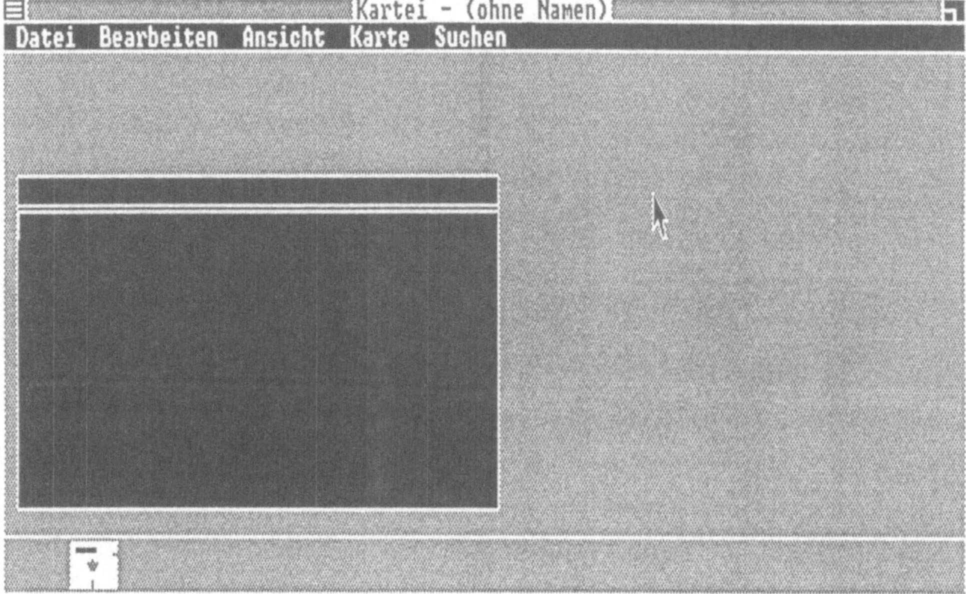

8.3 Erstellen von Karteikarten

Die erste Karte einer leeren Datei erscheint auf dem Bildschirm. Das
Ausfüllen der Karteikarten geschieht zunächst durch Erstellen einer
Stichwortzeile. Dann können Sie den restlichen Bereich der Karte mit
Informationen versehen. Die Einträge in der Stichwortzeile werden alpha-
betisch geordnet, beginnend mit dem ersten Buchstaben bis an das Ende
der Zeile. Nehmen Sie hier jetzt bitte den Namen *Virgie Kolacki* auf.

Tastatur: 1. Öffnen Sie mit **Alt-B** das Menü BEARBEITEN;
            2. Geben *i* ein für INDEX;
            3. Drücken Sie die **RETURN**-Taste.

Maus: 1. Bringen Sie den Mauszeiger auf das Menü BEARBEITEN;
            2. Halten Sie den linken Mausknopf gedrückt;
            3. Ziehen Sie die Maus auf INDEX;
            4. Lassen Sie den linken Mausknopf los.

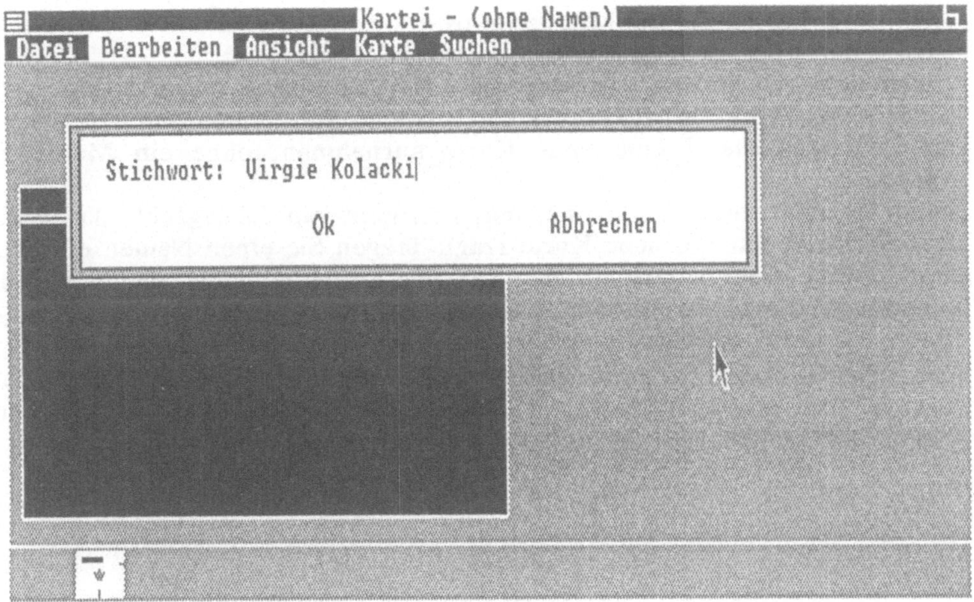

Nun erscheint ein Dialogfeld, in das Sie den Namen eintragen. Dann drücken Sie die **RETURN**-Taste. Wie Sie sehen, wird der eingetragene Name in die Indexzeile der ersten Karteikarte gesetzt. Sie können nun weitere Informationen im Textbereich aufnehmen. Setzen Sie hier bitte die Adresse *8000 München, Leopoldstr. 111* und die Telefonnummer *089-7878787* ein. Bei der Eingabe können Sie den Text bereits formatieren, wie es für Sie am zweckmäßigsten ist. Leerzeilen erhalten Sie mit **<RETURN>**, Löschen können Sie mit der Rückschritttaste und Leerzeichen fügen Sie mit der Leertaste ein. Wenn Sie die Taste **TAB** benutzen, springt der Cursor immer um eine bestimmte Schrittweite im Informationsbereich weiter.

Sie haben die erste Karteikarte erstellt und können weitere Karten in die Datei aufnehmen.

Tastatur: 1. Öffnen Sie mit **Alt-K** das Menü KARTE;
          2. Geben Sie *z* ein für ZUFÜGEN;
          3. Drücken Sie die **RETURN**-Taste.

Maus: 1. Bringen Sie den Mauszeiger auf KARTE;
          2. Halten Sie den linken Mausknopf fest;
          3. Ziehen Sie die Maus auf ZUFÜGEN;
          4. Lassen Sie die Maustaste los.

Vielleicht haben Sie beim Öffnen des KARTEI-Menüs bemerkt, daß sich hinter ZUFÜGEN die Abkürzung F7 befindet. Sie können durch Drücken der Funktionstaste 7 eine neue Karte aufnehmen, ohne ein Menü zu öffnen.

Wenn Sie eine neue Karte erstellen, erscheint ein Dialogfeld, das nach dem Stichwort für die neue Karte fragt. Tragen Sie einen Namen ein und anschließend eine Adresse in den Informationsbereich der neuen Karte. Wiederholen Sie diese Prozedur (F7 für ZUFÜGEN, Stichwortzeile ausfüllen und Text ergänzen) bis Sie etwa acht Adressen aufgenommen haben. Wählen Sie auch eine Adresse, bei der die Stadt München im Informationsbereich erscheint. Diese werden Sie für eine der späteren Übungen brauchen.

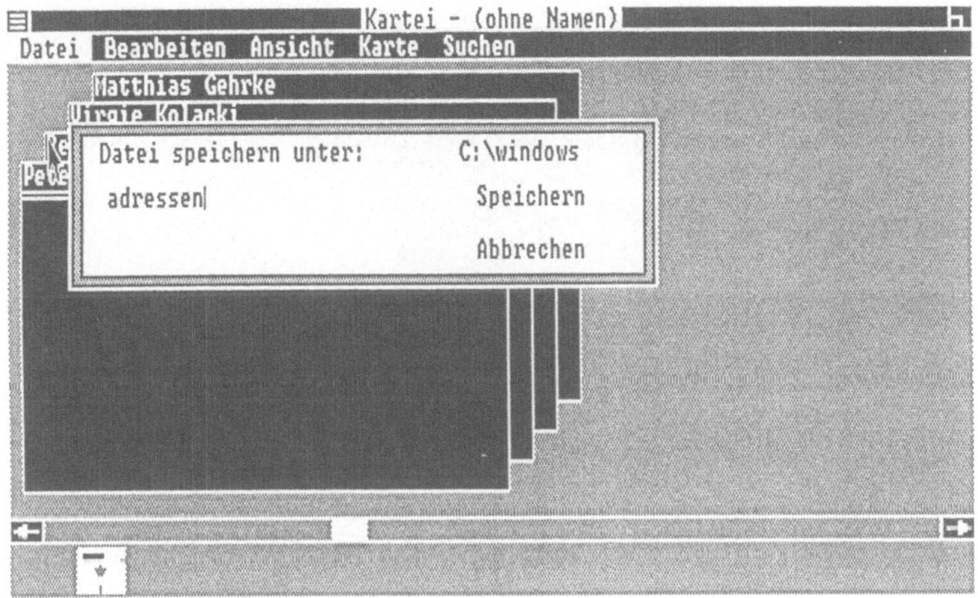

Wie Sie sehen, wird eine Karte über die andere gelegt, wobei von der ersten Karte die Stichwortzeile zu sehen ist. Karteikarten, die nicht mehr auf den Bildschirm passen, sind nicht verschwunden.
Ihre Datei enthält bereits einige Einträge und Sie sollten diese speichern.

Tastatur: 1. Öffnen Sie mit **Alt-D** das Menü DATEI;
           2. Geben Sie *s* ein für SPEICHERN;
           3. Betätigen Sie die **RETURN**-Taste.

Maus: 1. Bringen Sie den Mauszeiger auf DATEI;
           2. Halten Sie den linken Mausknopf fest;
           3. Ziehen Sie die Maus auf SPEICHERN;
           4. Lassen Sie den linken Mausknopf los.

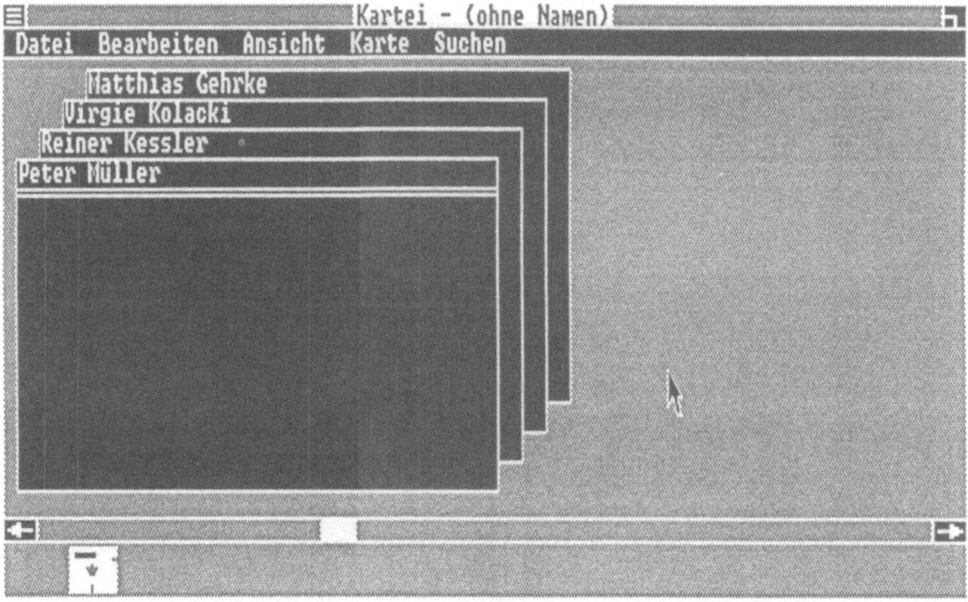

Nun erscheint ein Dialogfeld, in das Sie den Dateinamen eingeben, unter dem Sie die Adressen auf Festplatte oder Diskette speichern wollen. Tragen Sie den Namen ADRESSEN ein. Windows speichert die Datei unter dem Namen ADRESSEN.KRT. Sie erkennen sofort, daß es sich bei Dateien mit der Erweiterung .KRT um Dateien aus der Kartei handelt.

8.4 Suchen in der Kartei

Damit Sie die Einträge leicht wiederfinden, besitzt die Windows-Kartei Suchfunktionen. Dabei wird zwischen der Suche in allen Stichwortzeilen einer Kartei und der Suche im Informationsbereich unterschieden. In beiden Fällen wird die gesamte Datei, die Sie gerade geladen haben, nach dem eingegebenen Begriff durchsucht. Versuchen Sie die Karte, die in der Indexzeile den Vornamen Virgie trägt,an den Anfang der Datei zu setzen.

Tastaur: 1. Öffnen Sie mit **Alt-S** das Menü SUCHEN;
          2. Geben Sie *g* ein für GEHE ZU;
          3. Drücken Sie die **RETURN**-Taste.

Maus: 1. Bringen Sie den Mauszeiger auf SUCHEN;
          2. Halten Sie den linken Mausknopf fest;
          3. Setzen Sie den Mauszeiger auf GEHE ZU;
          4. Lassen Sie den linken Mausknopf los.

Beachten Sie die Möglichkeit, diese Befehlsfolge mit Hilfe der Funktionstaste F4 abzukürzen.
Ein Dialogfeld erscheint, in das Sie den Suchbegriff - in diesem Fall *Virgie* - eintragen und <RETURN> drücken. Das Karteiprogramm sucht jetzt alle Stichwortzeilen der Datei ab und stellt die Karte, die den Suchbegriff enthält an die erste Position. Bei der Suche wird weder zwischen Groß-/Kleinschreibung noch zwischen ganzen Wörtern und Wortteilen unterschieden. Das hat den Vorteil, daß Sie die eben gesuchte Karte auch gefunden hätten, wenn Sie statt "Virgie" nur "rgi" eingegeben hätten.
Die zweite Suchoption arbeitet analog, sie versucht aber, den Suchbegriff im Informationsfeld der Karteikarten ausfindig zu machen. Lassen Sie eine Karte anzeigen, die "München" im Eintrag enthält.

Tastatur: 1. Öffnen Sie mit **Alt-S** das Menü SUCHEN;
          2. Geben Sie *s* ein für SUCHEN;
          3. Drücken Sie die **RETURN**-Taste.

Maus: 1. Bringen Sie den Mauszeiger auf SUCHEN;
          2. Halten Sie den linken Mausknopf fest;
          3. Markieren Sie SUCHEN;
          4. Lassen Sie den linken Mausknopf los.

Tragen Sie in das jetzt erscheinende Dialogfeld *München* ein und drücken die **RETURN**-Taste. Das Karteiprogramm sucht alle Informationsfelder ab und stellt die erste gefundene Karte an die erste Position. Wenn Sie sich informieren wollen, wer in Ihrer Kartei ebenfalls in München wohnt, können Sie dies mit der Funktion WEITERSUCHEN schnell feststellen. Geben Sie zu diesem Zweck einfach *F3* für Funktionstaste 3 ein. Das Karteiprogramm sucht den nächsten Eintrag, in dessen Informationsfeld der Suchbegriff vorkommt.

8.5 Blättern in der Kartei

Wie Sie ganz gezielt einen bestimmten Eintrag in der Kartei finden, wissen Sie nun. Wollen Sie sich die Datei Karte für Karte ansehen, stellt Windows weitere Befehle zur Verfügung. Um eine Karte vor- oder zurückzublättern, drücken Sie die Tasten PgUp bzw. PgDn, die Sie auf der rechten Seite Ihrer Tastatur finden. Beachten Sie dabei das kleine Fenster in der Bildlaufleiste, die sich am unteren Rand des Karteifensters befindet. Es bewegt sich beim Blättern zwischen den beiden Pfeilen hin und her und zeigt die relative Position an, an der Sie sich gerade in der Kartei befinden. Ferner erreichen Sie mit der Taste HOME immer den Anfang Ihrer Datei, während Sie mit END an das Ende der Datei gelangen.
Wenn Sie eine Maus besitzen, haben Sie für das Blättern in der Kartei eine weitere Möglichkeit. Die Bildlaufleiste am unteren Fensterrand trägt rechts und links auf der Leiste des Bildlauffeldes einen Pfeil. Wenn Sie den Mauszeiger auf den rechten Pfeil setzen und den linken Mausknopf einmal anklicken, wird die nächste Karte angezeigt. Rückwärts blättern Sie mit dem Pfeil am linken Ende der Bildlaufleiste. Zusätzlich können Sie das Bildlauffeld direkt benutzen. Auf diese Art haben Sie die Möglichkeit, größere Sprünge in der Kartei zu machen. Wenn Sie nachsehen wollen, welche Einträge sich in der Mitte Ihrer Kartei befinden, gehen Sie dazu folgendermaßen vor.

Maus: 1. Bringen Sie den Mauszeiger auf das Bildlauffeld;
         2. Halten Sie den linken Mausknopf fest;
         3. Setzen Sie das Bildlauffeld in die Mitte der Leiste;
         4. Lassen Sie den linken Mausknopf los.

Sie können das Bildlauffeld an jede beliebige Position der Bildlaufleiste bringen und haben damit die Möglichkeit, schnell zu einer bestimmten Stelle zu blättern.

Neben dem Darstellungsformat der Datei in Form von Karteikarten können Sie auch eine Liste aller Indexzeilen der aktiven Datei auf dem Bildschirm ausgeben lassen. Da nur die Indexzeile angezeigt wird, können Sie
mehr Einträge auf dem Bildschirm sehen, als im Kartenformat. Schalten
Sie auf das Listenformat um.

Tastatur: 1. Öffnen Sie mit **Alt-A** das Menü ANSICHT;
          2. Geben Sie *l* ein für LISTE;
          3. Drücken Sie die **RETURN**-Taste.

Maus: 1. Bringen Sie den Mauszeiger auf das Menü ANSICHT;
          2. Halten Sie den linken Mausknopf fest;
          3. Markieren Sie den Menüpunkt LISTE;
          4. Lassen Sie den linken Mausknopf los.

Für diesen Befehl gibt es eine Abkürzung, die Funktionstaste F10. Das Listenformat wird angezeigt. Sie sehen, daß alle Indexzeilen Ihrer Datei alphabetisch geordnet auf dem Bildschirm erscheinen. Wenn Sie einen bestimmten Eintrag genauer ansehen wollen, markieren Sie diesen mit der Tastatur oder der Maus und schalten in das Kartenformat zurück. Das Umschalten vom Listen- in das Kartenformat erreichen Sie mit der Funktionstaste F9. Sie können auch mit Hilfe des Menüs ANSICHT die Anzeige umstellen.

8.6 Wie Sie Ihre Karteien aktualisieren

Von Zeit zu Zeit sollten Sie Ihre Karteien einmal nach aktuellen Einträgen durchsehen. Doppelte Karten oder ein paar "Karteileichen" können Sie vielleicht löschen. Zu diesem Zweck laden Sie die Datei, die Sie bearbeiten möchten. Führen Sie die folgende Übung aus, obwohl Sie bereits eine Datei geladen haben (Ihre Adreßdatei). Das funktioniert so:

Tastatur: 1. Öffnen Sie mit **Alt-D** das Menü DATEI;
         2. Drücken Sie einmal *d* für DATEI LADEN;
         3. Betätigen Sie die **RETURN**-Taste.

Maus: 1. Bringen die den Mauszeiger auf das Menü DATEI;
         2. Markieren Sie DATEI LADEN;
         3. Lassen Sie den Mausknopf wieder los.

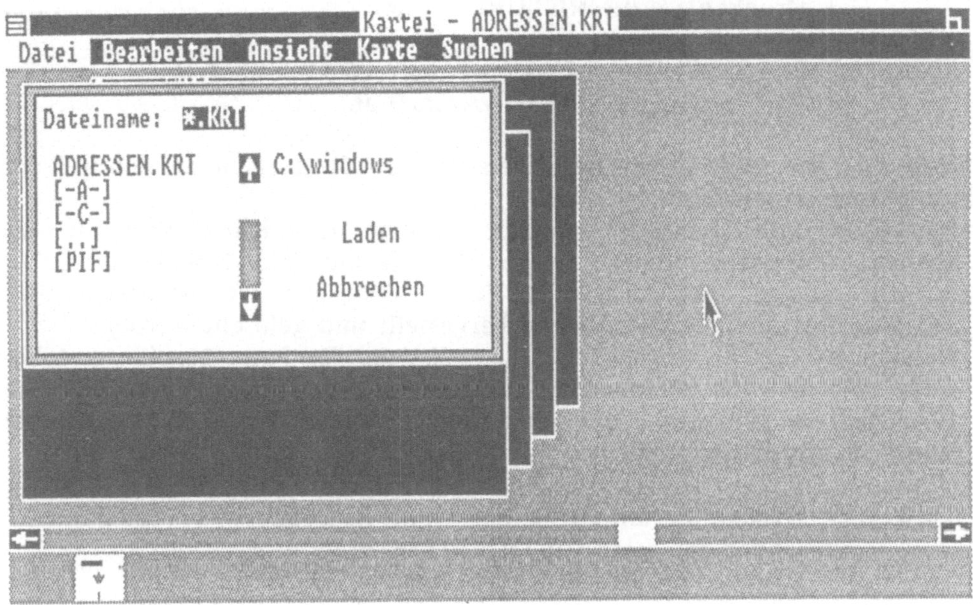

Nun erscheint ein Dialogfeld, das alle auf der aktuellen Platte oder Diskette vorhandenen Dateien, die zum Karteiverwaltungsprogramm gehören, anzeigt. Sie müssen dem Dialogfeld mitteilen, welche Datei Sie bearbeiten möchten. Sie können entweder den Namen der gewünschten Datei in das Textfeld, daß sich hinter der Bezeichnung Dateiname befindet, eintragen oder die zu bearbeitende Datei markieren und dann mit der **RETURN**-Taste bestätigen. Da alle verfügbaren Dateien im Verzeichnisfeld angezeigt werden, ist die zweite Möglichkeit günstiger.

Tastatur: 1. Drücken Sie einmal **TAB**;
         2. Markieren Sie mit den Pfeiltasten ADRESSEN.KRT;
         3. Drücken Sie die **RETURN**-Taste.

Maus: 1. Bringen Sie den Mauszeiger auf ADRESSEN.KRT;
         2. Klicken Sie diese Datei zweimal an.

Nun wird die ausgewählte Datei geladen und die Karten werden auf dem Bildschirm dargestellt.
Für die nächsten Übungen erstellen Sie eine neue Karteikarte mit einer Testperson. Betätigen Sie F7, tragen den Namen Peter Mueller in die Indexzeile ein und lösen mit der **RETURN**-Taste aus. Jetzt werden Sie lernen, wie Karten dupliziert, wiederhergestellt und gelöscht werden.
Nehmen wir an, Sie wollen zwei Karteikarten für Peter Mueller erstellen, wobei Sie auf der ersten die Privatadresse und auf der zweiten die Firmenadresse eintragen. Die gerade neu angelegte Karte kann zu diesem Zweck dupliziert werden!

Tastatur: 1. Öffnen Sie mit **Alt-K** das Menü KARTE;
         2. Geben Sie *d* ein für DUPLIZIEREN;
         3. Drücken Sie die **RETURN**-Taste.

Maus: 1. Bringen Sie den Mauszeiger auf das Menü KARTE;
         2. Halten Sie den linken Mausknopf fest;
         3. Markieren Sie DUPLIZIEREN;
         4. Lassen Sie den linken Mausknopf los.

Nun haben Sie zwei Karteikarten, die in der Indexzeile den Namen Peter Mueller tragen. Tragen Sie irgendeine Adresse in die erste Karte ein. Wählen Sie die nächste Karte, die den gleichen Namen besitzt aus. Drücken Sie einmal die Taste PgDn oder bringen Sie den Mauszeiger in die Indexzeile der nächsten Karte und klicken diese einmal kurz an. Setzen Sie hier die "Firmenadresse" in den Informationsbereich der Karteikarte und blättern wieder zu der Karte mit der "Privatadresse". Wenn Sie die im Vordergrund befindliche Karte verändern und dann feststellen, daß der ursprünglichen Inhalt doch beibehalten werden soll, brauchen Sie die neuen Einträge nicht zu löschen, sondern können die Funktion WIEDERHERSTELLEN des Karteiprogramms verwenden. Versuchen Sie das einmal. Schreiben Sie einen Text in den Informationsbereich der vorderen Karte. Führen Sie die Funktion WIEDERHERSTELLEN aus, um die Karte so aussehen zu lassen, wie sie zuvor bereits abgespeichert war.

Tastatur: 1. Öffnen Sie mit **Alt-B** das Menü BEARBEITEN;
        2. Geben Sie *w* ein für WIEDERHERSTELLEN;
        3. Drücken Sie die **RETURN**-Taste.

Maus: 1. Bringen Sie den Mauszeiger auf das Menü BEARBEITEN;
        2. Halten Sie den linken Mausknopf fest;
        3. Markieren Sie WIEDERHERSTELLEN;
        4. Lassen Sie den linken Mausknopf los.

Diese Funktion ist nützlich um "falsche" Änderungen schnell zu beseitigen. Beachten Sie bei dieser Funktion jedoch, daß sie sich immer nur auf die angezeigte Karte bezieht. Eine Änderung, die Sie eingetragen haben, können Sie nicht wiederherstellen, wenn Sie zwischendurch in der Kartei geblättert haben. Wiederherstellen bezieht sich immer auf den zuletzt abgespeicherten Zustand einer Karteikarte.
Der nächste wichtige Befehl ist das Löschen von Einträgen. Probieren Sie das an den beiden "Peter Mueller-Karten" aus. Stellen Sie aber zuerst fest, ob sich eine der beiden Testkarten auf der ersten Position befindet, da sich der Löschbefehl immer auf die gerade angezeigte Karte bezieht.

Tastatur: 1. Öffnen Sie mit **Alt-K** das Menü KARTE;
        2. Geben Sie *l* ein für LÖSCHEN;
        3. Drücken Sie die **RETURN**-Taste.

Maus: 1. Bringen Sie den Mauszeiger auf das Menü KARTE;
        2. Halten Sie den linken Mausknopf fest;
        3. Markieren Sie LÖSCHEN;
        4. Lassen Sie den linken Mausknopf los.

Den zweiten Eintrag unter diesem Namen löschen Sie unter Verwendung der Abkürzung F8 (Funktionstaste 8). Jetzt enthält Ihre Datei keine Testkarten mehr und Sie können sie abspeichern.

Tastatur: 1. Öffnen Sie mit **Alt-D** das Menü DATEI;
        2. Geben Sie *s* ein für SPEICHERN ;
        3. Drücken Sie die **RETURN**-Taste.

Maus: 1. Bringen Sie den Mauszeiger auf das Menü DATEI;
        2. Halten Sie den linken Mausknopf fest;
        3. Markieren Sie SPEICHERN ;
        4. Lassen Sie den linken Mausknopf los.

Falls Sie eine bestehende Datei unter einem neuen Namen ablegen wollen, können Sie das mit dem Befehl SPEICHERN UNTER erreichen. Der einzige Unterschied zum normalen Speichern besteht in der Namensspezifikation im Dialogfeld. Geben Sie nur den Namen der Datei ohne die Erweiterung an. Die Erweiterung erstellt Windows in Abhängigkeit des verwendeten Anwenderprogramms automatisch.

8.7 Drucken von Karteien

Zum Ausdrucken von Karteien dienen zwei Befehle im Menü DATEI. Mit dem ersten Befehl können Sie einzelne Karteikarten drucken, während mit ALLES DRUCKEN alle Karten einer Datei ausgedruckt werden. Der erste Befehl steht nicht zur Verfügung, wenn Sie im Menü ANSICHT LISTE gewählt haben. In diesem Anzeigeformat läßt sich immer nur eine komplette Liste aller Indexzeilen auf dem Drucker ausgeben. Werden auf dem Bildschirm Karteikarten dargestellt, so lassen sich diese ausdrucken, wie sie dort erscheinen. D.h. sie werden mit den eingezeichneten Rahmen und der gewählten Formatierung ausgedruckt. Auf diese Weise können Sie z.B. Adreßaufkleber erstellen. Drucken Sie eine Karte aus, damit Sie sehen, wie die Druckoption des Karteiprogramms verwendet werden kann.

Tastatur: 1. Öffnen Sie mit **Alt-D** das Menü DATEI;
          2. Geben Sie *d* ein für DRUCKEN;
          3. Drücken Sie die **RETURN**-Taste.

Maus: 1. Bringen Sie den Mauszeiger auf das Menü DATEI;
          2. Halten Sie den linken Mausknopf fest;
          3. Markieren Sie DRUCKEN;
          4. Lassen Sie den linken Mausknopf los.

Es erscheint ein kleines Fenster, das Ihnen mitteilt, daß die Karteikarte an den Drucker geschickt wird. Wenn Sie diesen Vorgang nicht unterbrechen, wird der Druckbefehl ausgeführt. Sie können die Druckmeldung aber auch mit ABBRECHEN beantworten. Wenn Sie den Druck gestartet haben, erscheint im Sinnbildbereich der Druckerspooler, der die Kommunikation zwischen dem Programm und dem Drucker übernimmt. Auf die gleiche Art können Sie mit dem Befehl ALLES DRUCKEN des DATEI-Menüs die gesamte Kartei, die Sie geladen haben, ausdrucken.

8.8 Datenaustausch zwischen Kartei und anderen Programmen

Die Funktionen AUSSCHNEIDEN, KOPIEREN und EINFÜGEN erlauben es, Daten zwischen der Kartei und anderen Windows-Programmen auszutauschen. Eine Anwendung, die sich an die bisherigen Übungen anschließt ist die Übertragung einer Adresse aus der Kartei in einen mit dem Notizprogramm erstellten Brief. Bringen Sie zu diesem Zweck bitte die Kartei und den Notizblock in zwei verschiedenen Fenstern auf den Bildschirm. Laden Sie dann die Datei ADRESSEN.KRT, falls sie nicht mehr geladen ist. Das Prinzip der Datenübertragung zwischen Kartei und Notizblock lautet: Gewünschten Text auf der ausgewählten Karteikarte markieren, in die Zwischenablage kopieren, zum Notizblock wechseln und den abgelegten Text hier einfügen.

Tastatur: 1. Drücken Sie Alt Tab bis die Kartei aktiv ist;
2. Gehen Sie mit den Pfeiltasten an Anfang der zu markierenden Stelle;
3. Halten Sie die Umschalt-Taste fest;
4. Markieren Sie den Text mit den Pfeiltasten;
5. Drücken Sie die Funktionstaste F2 zum KOPIEREN.

Maus: 1. Setzen Sie den Mauszeiger auf den zu markierenden Text;
2. Halten Sie den linken Mausknopf fest;
3. Markieren Sie den Text;
4. Lassen Sie den linken Mausknopf los.
5. Bringen Sie den Mauszeiger auf das Menü BEARBEITEN;
6. Halten Sie den linken Mausknopf fest;
7. Markieren Sie den Befehl KOPIEREN;
8. Lassen Sie den linken Mausknopf los.

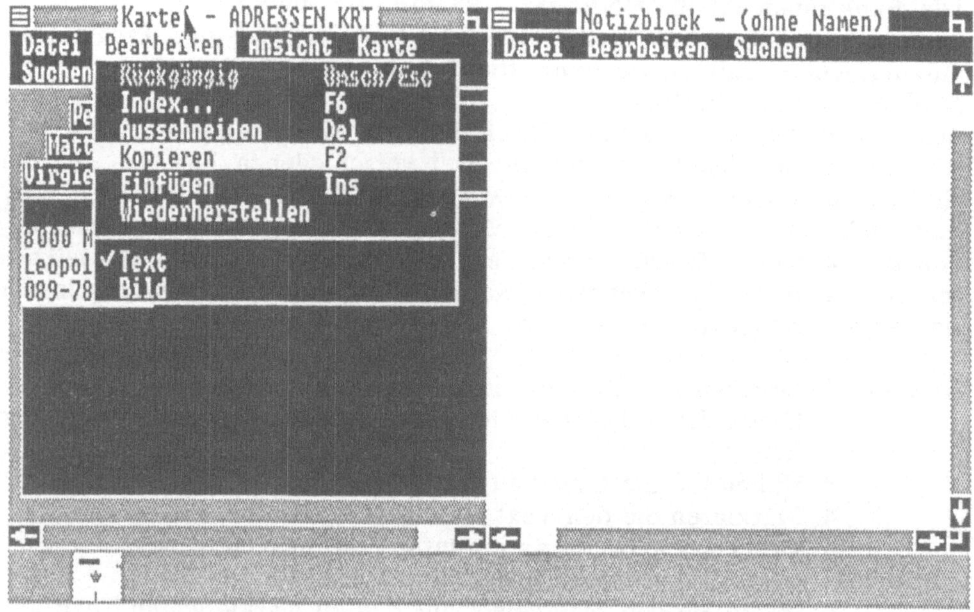

Nun haben Sie die Adresse in die im Hintergrund arbeitende Zwischenablage kopiert, und können zum Notizblock wechseln, um die
Adresse einzufügen.

Tastatur: 1. Drücken Sie **Alt-Tab** bis der Notizblock aktiv ist;
           2. Drücken Sie die Taste **INS** (Insert für EINFÜGEN).

Maus: 1. Bringen Sie den Mauszeiger im Notizblock auf BEARBEITEN;
           2. Halten Sie den linken Mausknopf fest;
           3. Markieren Sie EINFÜGEN;
           4. Lassen Sie den linken Mausknopf los.

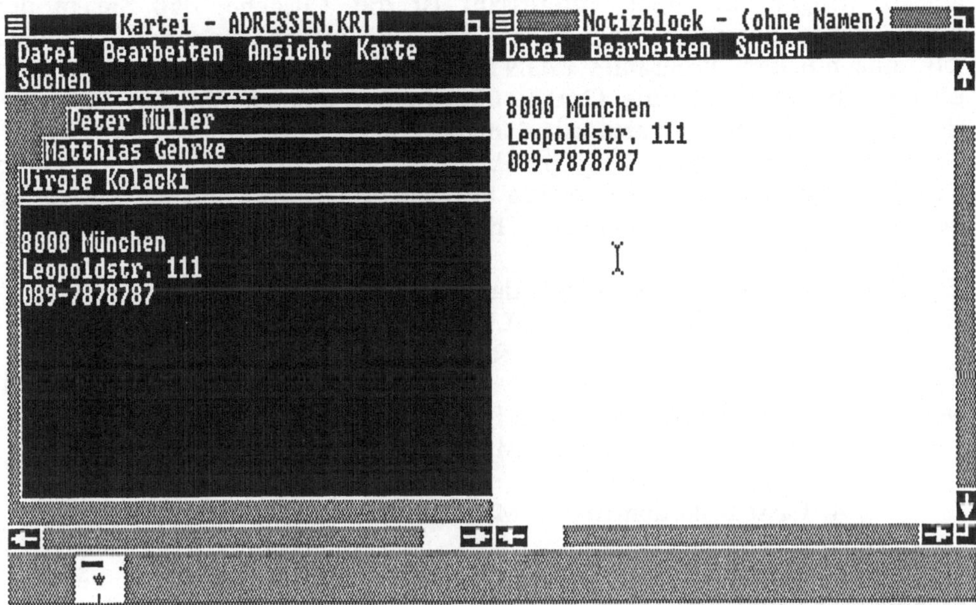

Sie haben eine Adresse der Kartei auf ein Blatt des Notizblocks übertragen. Beachten Sie bei dieser Befehlsfolge die unter "Tastatur" angegebenen
Abkürzungen. Das Übertragen geschieht mit zwei Tastenfunktionen. **F2**
kopiert den markierten Teil des einen Programms in die Zwischenablage
und **INS** überträgt den Inhalt der Zwischenablage in das andere Programm, sobald Sie dieses in den aktiven Zustand versetzen. Sie können
diesen Prozeß auch unter Verwendung der verschiedenen Menüs mit
Tastatur oder Maus ausführen, sollten sich aber trotzdem die Abkürzungen für das Übertragen von Daten zwischen verschiedenen Programmen merken, da diese für alle Programme unter Windows gelten und
die Arbeit beschleunigen.

So wie Sie eine Adresse aus der Kartei in den Notizblock übertragen haben, können Sie auch Daten aus anderen Windows-Programmen in die Kartei bringen. Besonders interessant ist die Tatsache, daß Sie in der Kartei neben normalem Text auch Grafiken ablegen können. Sie können z.B. eine mit dem Programm PAINT.EXE erstellte Grafik auf eine Karte übertragen. Bevor Sie die Grafik übertragen, müssen Sie den Informationsbereich der Karteikarte mit dem Befehl BILD des Menüs BEARBEITEN auf die Aufnahme von Grafik vorbereiten. Bringen Sie Kartei und Zeichenprogramm in zwei Fenstern auf den Bildschirm und markieren Sie in der Kartei im Menü BEARBEITEN den Punkt BILD.

Tastatur: 1. Öffnen Sie mit **Alt-B** das Menü BEARBEITEN;
             2. Geben Sie *b* ein für BILD;
             3. Drücken Sie die **RETURN**-Taste.

Maus: 1. Bringen Sie den Mauszeiger auf das Menü BEARBEITEN;
             2. Halten Sie den linken Mausknopf fest;
             3. Markieren Sie BILD;
             4. Lassen Sie den linken Mausknopf los.

Nun wechseln Sie in das Zeichenprogramm und zeichnen mit dem erscheinenden "Bleistift" ein paar Striche auf die Zeichenfläche. Wenn Sie eine Maus benutzen, halten Sie den linken Mausknopf gedrückt und bewegen die Maus auf dem Tisch. Zum Zeichnen mit der Tastatur halten Sie die Leertaste gedrückt und bewegen den Bleistift mit den Pfeiltasten. Nun müssen Sie die Zeichnung markieren und in die Zwischenablage bringen. Dazu benutzen Sie das Auswahlrechteck des Zeichenprogramms. Rahmen Sie mit diesem Rechteck Ihre Zeichnung ein und drücken Sie die Funktionstaste **F2** um den Inhalt der markierten Fläche in die Zwischenablage zu übertragen. Jetzt wechseln Sie in das Fenster mit der Kartei und drücken die Taste **INS** (EINFÜGEN). Es erscheint die mit PAINT erstellte Zeichnung auf der ausgewählten Karteikarte. Auf diese Weise können Sie Zeichnungen übertragen oder Karteitexte in den verschiedenen, vom PAINT-Programm zur Verfügung gestellten, Schriftarten erstellen.

8.9 Zusammenfügen mehrerer Karteien

Das Windows-Karteiprogramm bietet Ihnen die Möglichkeit mehrere Karteien zusammenzufügen. Dies ist nützlich, wenn Sie viele kleine Karteien gleicher Art haben, weil alle verarbeitet werden können ohne neue Dateien laden zu müssen. Zur Übung erstellen Sie eine neue Kartei, die Adressen enthält. Sortieren Sie den Inhalt der Datei ADRESSEN.KRT (vorherige Übungen) in die neu angelegte Datei ein. Erstellen Sie zunächst die neue Datei:

Tastatur: 1. Öffnen Sie mit **Alt-D** das Menü DATEI;
          2. Geben Sie *n* ein für NEU;
          3. Drücken Sie die **RETURN**-Taste.

Maus: 1. Bringen Sie den Mauszeiger auf das Menü DATEI;
          2. Halten Sie den linken Mausknopf fest;
          3. Markieren Sie NEU;
          4. Lassen Sie den linken Mausknopf los.

Nun wird die Arbeitsfläche des Karteiprogramms geleert und eine neue, leere Karteikarte erscheint auf dem Bildschirm. Falls Sie das Programm zwischendurch fragen sollte, ob die Änderungen an ADRESSEN.KRT gespeichert werden sollen, beantworten Sie die Anfrage mit "Ja". Geben Sie ein paar Adressen in die neue Kartei ein, wie es in diesem Kapitel unter "Erstellen von Karteikarten" beschrieben wurde.
Nun können Sie die Karten der Datei ADRESSEN.KRT in die neue Kartei einsortieren.

Tastatur: 1. Öffnen Sie mit **Alt-D** das Menü DATEI;
          2. Geben Sie *z* ein für ZUSAMMENFÜHREN;
          3. Drücken Sie die **RETURN**-Taste.

Maus: 1. Bringen Sie den Mauszeiger auf das Menü DATEI;
          2. Halten Sie den linken Mausknopf fest;
          3. Markieren Sie ZUSAMMENFÜHREN;
          4. Lassen Sie den linken Mausknopf los.

Es erscheint ein Dialogfeld, dort tragen Sie den Namen der einzufügenden Datei ein. Gehen Sie folgendermaßen vor.

Tastatur: 1. Drücken Sie einmal **Tab**;
         2. Markieren Sie mit den Pfeiltasten ADRESSEN.KRT;
         3. Drücken Sie die **RETURN**-Taste.

Maus: 1. Bringen Sie den Mauszeiger auf die Datei ADRESSEN.KRT;
         2. Klicken Sie den linken Mausknopf zweimal an.

Nach ein paar Sekunden hat das Programm die beiden Dateien zu einer sortierten Datei zusammengefaßt.

8.10 Das Wählsystem des Karteiprogramms

Der letzte Punkt dieses Kapitels beschreibt das automatische Wählsystem. Sie können dirket vom Computer die auf einer Karteikarte festgehaltene Telefonnummer wählen lassen. Voraussetzung zur Benutzung dieses Leistungsmerkmals ist ein Modem. Sie werden nun lernen, wie Ihr Computer mit Hilfe des Wählsystems das Wählen einer Telefonnummer übernimmt.
Suchen Sie aus der Adressendatei eine Person aus, die Sie anrufen möchten. Sobald die Karte im Vordergrund erscheint, können Sie beginnen:

Tastatur: 1. Öffnen Sie mit **Alt-K** das Menü KARTE;
         2. Geben Sie *w* ein für WÄHLSYSTEM;
         3. Drücken Sie die **RETURN**-Taste.

Maus: 1. Bringen Sie den Mauszeiger auf das Menü KARTE;
         2. Halten Sie den linken Mausknopf fest;
         3. Markieren Sie WÄHLSYSTEM;
         4. Lassen Sie den linken Mausknopf los.

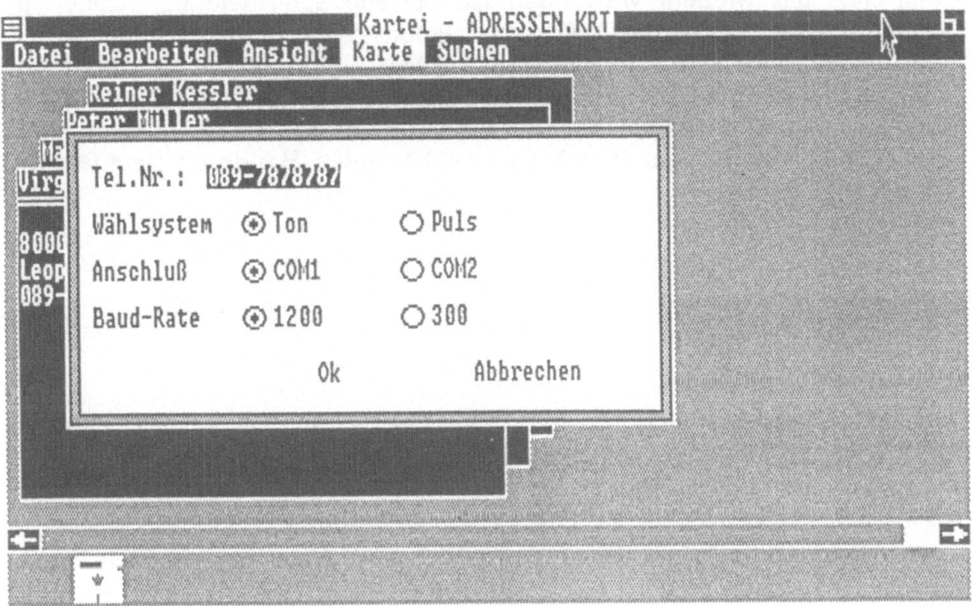

Auf dem Bildschirm erscheint das zu der ausgesuchten Karteikarte gehörende Dialogfeld des Wählsystems. In der Zeile "Tel.Nr." wird die erste
auf der Karteikarte erscheinende Telefonnummer stehen. Dabei sucht das
Wählsystem die gesamte Karte beginnend mit der Stichwortzeile bis an
das Ende des Informationsbereiches durch. Wenn sich auf der Karteikarte
mehrere Telefonnummern befinden und Sie die erste Nummer nicht wählen wollen, müssen Sie die gewünschte Nummer auf der Karte markieren,
bevor Sie das Wählsystem aufrufen. Neben der Telefonnummer sind noch
andere Informationen nötig. In der Zeile "Wählsystem" des Dialogfeldes
können Sie **Ton** oder **Puls** ankreuzen. Diese Information bezieht sich auf
die Technik Ihres Telefonapparates. Was Sie hier eintragen müssen, können Sie leicht feststellen. Wenn Ihr Telefongerät beim Wählen nach jeder
Nummer ein klickendes Geräusch von sich gibt, dann besitzen Sie ein

Pulstelefon. Im anderen Fall kreuzen Sie **Ton** im Dialogfeld an. Unter "Anschluß" müssen Sie angeben, mit welcher seriellen Schnittstelle des Computers das Modem verbunden ist. Serielle Schnittstellen tragen die Bezeichnungen COM1, COM2 usw. Wenn Sie nur über eine serielle Schnittstelle verfügen, wählen Sie COM1. Schließlich ist noch die Übertragungsgeschwindigkeit wichtig. Diese ist im Dialogfeld mit "Baud-Rate" bezeichnet. Mit welcher Geschwindigkeit Ihr Modem Daten überträgt, können Sie in dem zum Modem gehörenden Handbuch nachlesen.

9 Der Terminkalender

Windows verfügt über einen Terminkalender. Mit diesem Programm können Sie schnell und einfach Terminübersichten erstellen. Zu den besonderen Funktionen des Kalenders gehört ein automatischer "Erinnerungsmechanismus", der Sie rechtzeitig auf anstehende Termine hinweist.

9.1 Funktionsübersicht

SYSTEM: siehe Kapitel 5.

DATEI

NEU	: Arbeit in einer leeren Datei beginnen;
LADEN	: Vorhandene Datei laden;
SPEICHERN	: Bearbeitete Datei speichern;
SPEICHERN UNTER	: Datei unter neuem Namen speichern;
DRUCKEN	: Termine drucken;
LÖSCHEN	: Termine löschen.

BEARBEITEN

AUSSCHNEIDEN	: Markierten Teil löschen und in Ablage setzen;
KOPIEREN	: Markierten Teil in Zwischenablage kopieren;
EINFÜGEN	: Ablageinhalt an aktuelle Position setzen.

ANSICHT

TAG	: Kalender im Tagesformat anzeigen;
MONAT	: Kalender im Monatsformat anzeigen.

GEHE ZU

HEUTE	: Heutiges Datum wählen;
VORHERGEHEND	: Gestriges Datum wählen;
NÄCHSTER	: Morgiges Datum wählen;
DATUM	: Eingegebenes Datum wählen.

WECKER

EINSTELLEN   : Wecker stellen;
STEUERUNG   : Parameter für den Wecker setzen.

OPTIONEN

KENNZEICHNEN   : Datum markieren;
BESONDERE ZEIT   : Nicht angezeigte Zeit einfügen;
TAGESEINSTELLUNGEN   : Parameter des Kalenders setzen.

Abkürzungen:

DEL   : Ausschneiden;
F2   : Kopieren;
INS   : Einfügen;
F9   : Tagesansicht;
F10   : Monatsübersicht;
HOME   : Aktuelles Datum wählen;
^PgUp   : Gestriges Datum wählen;
^PgDn   : Morgiges Datum wählen;
F4   : Eingegebenes Datum wählen;
F5   : Wecker stellen;
F6   : Kennzeichnen;
F7   : Besondere Zeit.

9.2 Starten des Kalenders

Markieren und starten Sie im MS-DOS-Fenster die Datei KALEN-
DER.EXE.

Tastatur: Markieren Sie mit den Pfeiltasten KALENDER.EXE und bestä-
         tigen Sie mit der **RETURN**-Taste.

Maus: Bringen Sie den Mauszeiger auf die Datei KALENDER.EXE
         und starten Sie das Programm mit einem Doppelklicken des lin-
         ken Mauszeigers.

9.3 Datumsauswahl im Tagesformat

Nachdem Sie den Kalender gestartet haben, erscheint dieser im Tagesformat auf dem Bildschirm. Bei der Tagesansicht werden drei verschiedene Bereiche unterschieden. In der ersten Zeile wird die aktuelle Zeit und das Datum angezeigt. Wenn diese Angaben nicht stimmen, können Sie die Einstellung mit Hilfe des Windows-Programms SYSTEMST.EXE korrigieren. Informieren Sie sich im entsprechenden Kapitel wie Sie vorgehen müssen. An die Datumsleiste schließt sich der Terminbereich an, in den Sie Termine eintragen können. Im untersten Abschnitt des Kalenderfensters befindet sich ein kleiner Bereich, in den Sie, zusätzlich zu den Terminen, Notizen aufnehmen können.

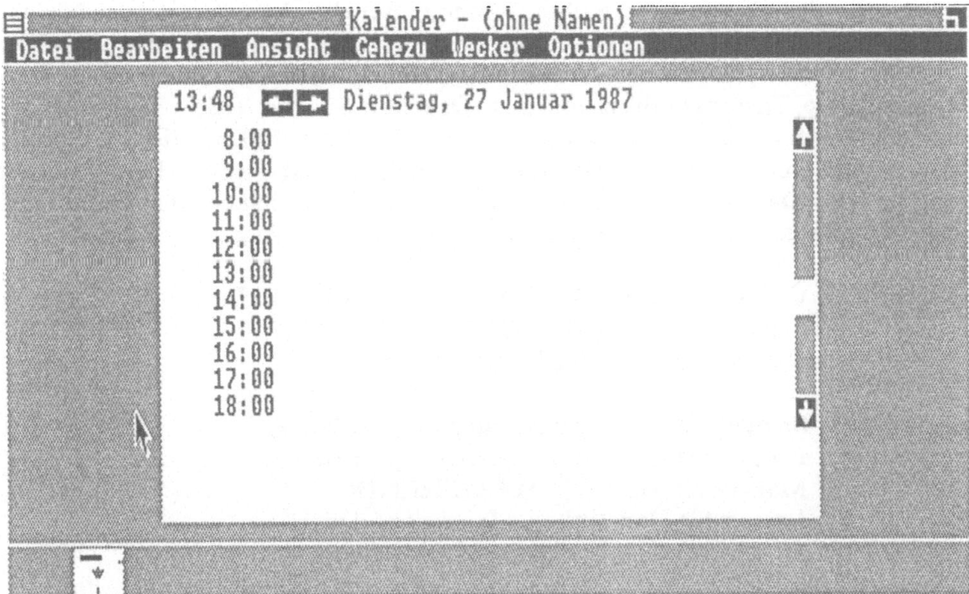

Zu den wichtigsten Dingen bei der Arbeit mit dem Kalender gehört die
Auswahl der verschiedenen Termine. In den nächsten Übungen lernen Sie
dies. Versuchen Sie einmal in der Tagesansicht den nächsten Tag anzeigen
zu lassen.

Tastatur: 1. Öffnen Sie mit **Alt-G** das Menü GEHE ZU;
          2. Geben Sie *n* ein für NÄCHSTER;
          3. Drücken Sie die **RETURN**-Taste.

Maus: 1. Bringen Sie den Mauszeiger auf GEHE ZU;
          2. Halten Sie den linken Mausknopf fest;
          3. Markieren Sie NÄCHSTER;
          4. Lassen Sie den linken Mausknopf los.

Betrachten Sie die Angaben in der Datumsleiste. Sie stellen fest, daß Sie
einen Tag weitergeblättert haben. Mit der Tastenkombination **Ctrl-PgDn**
hätten Sie das ebenfalls erreichen können. Bei der Arbeit mit dem Kalender stehen Ihnen viele Abkürzungen zur Verfügung. Einige davon sollten
Sie sich merken, da sie die Arbeit wesentlich beschleunigen. Probieren Sie
einmal diese Tastenkombination aus. Drücken Sie die Taste Control (**Ctrl**)
und halten Sie diese fest, während Sie die Taste **PgDn**, die sich rechts
außen auf Ihrer Tastatur befindet, drücken und lassen beide Tasten
wieder los. Das nächste Datum erscheint und Sie haben insgesamt zwei
Tage "weitergeblättert". Zurückblättern können Sie folgendermaßen:

Tastatur: 1. Öffnen Sie mit **Alt-G** das Menü GEHE ZU;
          2. Geben Sie *v* ein für VORHERGEHEND;
          3. Drücken Sie die **RETURN**-Taste.

Maus: 1. Bringen Sie den Mauszeiger auf GEHE ZU;
          2. Halten Sie den linken Mausknopf fest;
          3. Markieren Sie VORHERGEHEND;
          4. Lassen Sie den linken Mausknopf los.

Die Abkürzung für diesen Befehl ist die Tastenkombination **Ctrl-PgUp**.
Für Mausbenutzer gibt es eine weitere Möglichkeit, einen Tag vor- oder
zurückzublättern. In der Datumsleiste sehen Sie dazu zwischen der Zeit-
anzeige und dem Datum zwei kleine Pfeile. Wenn Sie den rechten Pfeil
anklicken, wird um jeweils einen Tag weitergeblättert. Mit dem linken
Pfeil kommen Sie zu den vorherigen Tagen. Versuchen Sie einmal, auf
diese Art zu blättern, indem Sie den Mauszeiger auf einen der Pfeile
setzen und den linken Mausknopf kurz anklicken.

Wenn Sie in Ihrem Kalender geblättert haben und zum heutigen Datum zurückkehren wollen, können Sie HEUTE des Menüs GEHE ZU verwenden. Mit HEUTE wird immer zum aktuellen Datum gesprungen. Damit Sie diesen Befehl einmal ausprobieren können, blättern Sie mehrere Tage in eine Richtung. Kehren Sie jetzt zum aktuellen Datum zurück.

Tastatur: 1. Öffnen Sie mit **Alt-G** das Menü GEHE ZU;
          2. Geben Sie *h* ein für HEUTE;
          3. Drücken Sie die **RETURN**-Taste.

Maus: 1. Bringen Sie den Mauszeiger auf GEHE ZU;
          2. Halten Sie den linken Mausknopf fest;
          3. Markieren Sie HEUTE;
          4. Lassen Sie den linken Mausknopf los.

Nun sehen Sie wieder das heutige Datum in der ersten Zeile des Kalenders. Auch für diesen Befehl gibt es eine Abkürzung. Wenn Sie die Taste Home drücken, wird HEUTE aus dem Menü GEHE ZU ausgeführt. Jetzt können Sie bereits im Tagesformat vor- und zurückblättern und von jeder beliebigen Stelle des Kalenders zum heutigen Datum zurückkehren. Wenn Sie jedoch Termine bei bestimmten Daten eintragen wollen, wäre es zu umständlich diese durch Blättern zu erreichen. Im Menü GEHE ZU finden Sie den Befehl DATUM. Wenn Sie DATUM ausführen, erscheint ein Dialogfeld, in das Sie das gewünschte Datum eintragen und so zu diesem Tag im Kalender kommen.

Tastatur: 1. Öffnen Sie mit **Alt-G** das Menü GEHE ZU;
          2. Geben Sie *d* ein für DATUM;
          3. Drücken Sie die **RETURN**-Taste.

Maus: 1. Bringen Sie den Mauszeiger auf GEHE ZU;
          2. Halten Sie den linken Mausknopf fest;
          3. Markieren Sie DATUM;
          4. Lassen Sie den linken Mausknopf los.

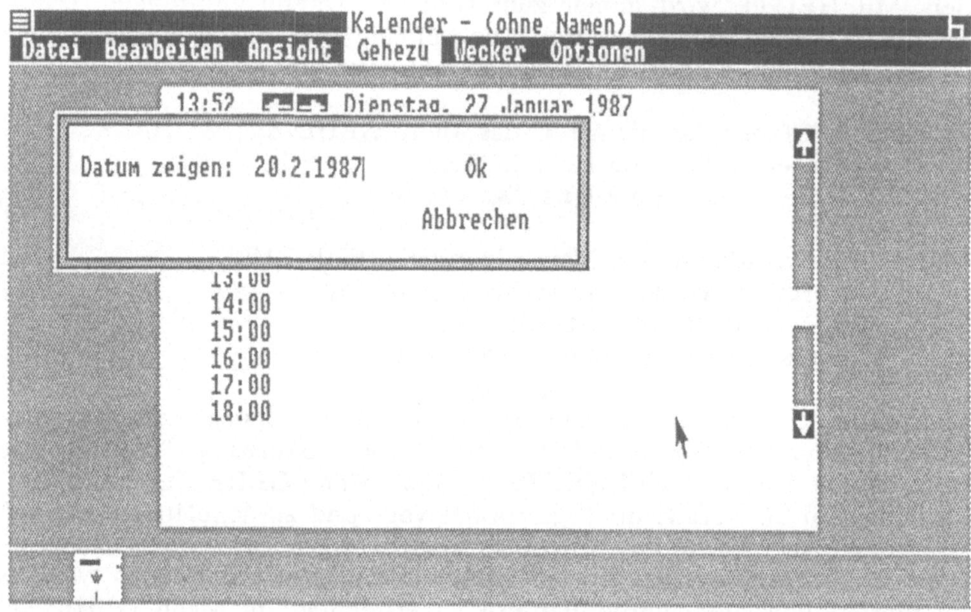

Tragen Sie in das erscheinende Dialogfeld das Datum ein, zu dem Sie
wechseln möchten und betätigen Sie die **RETURN**-Taste. Das ausgesuchte
Datum wird in der Datumsleiste des Kalenders angezeigt und Sie können
Ihre Termine für diesen Tag eintragen. Die Abkürzung für diesen Befehl
ist die Funktionstaste 4.

9.4 Datumsauswahl im Monatsformat

Wie Sie im Tagesformat zwischen einzelnen Tagen hin- und hergeblättert
haben, können Sie auch verschiedene Monate auswählen, wenn Sie sich im
Monatsformat befinden. Stellen Sie den Kalender auf dieses Format um.

Tastatur: 1. Öffnen Sie mit **Alt-A** das Menü ANSICHT;
          2. Geben Sie *m* ein für MONAT;
          3. Drücken Sie die **RETURN**-Taste.

Maus: 1. Bringen Sie den Mauszeiger auf ANSICHT;
          2. Halten Sie den linken Mausknopf fest;
          3. Markieren Sie MONAT;
          4. Lassen Sie den linken Mausknopf los.

Das Umschalten zwischen Tages- und Monatsformat erreichen Sie auch
über die Abkürzungen **F9** und **F10**.

Das Kalenderfenster ist in drei Bereiche unterteilt. In der ersten Zeile finden Sie wieder Uhrzeit und Datum. Dann folgt der Bereich mit den einzelnen Tagen. Am unteren Rand sehen Sie einen kleinen Bereich für die Aufnahme von Notizen. Der aktuelle Tag ist immer durch die Symbole "<" und ">" und einen blinkenden Strich gekennzeichnet. Ferner wird der Tag, den Sie gerade bearbeiten, invers dargestellt.
In diesem Format können Sie zwischen einzelnen Monaten blättern.

Tastatur: 1. Öffnen Sie mit **Alt-G** das Menü GEHE ZU;
          2. Geben Sie *n* ein für NÄCHSTER;
          3. Drücken Sie die **RETURN**-Taste.

Maus: 1. Bringen Sie den Mauszeiger auf GEHE ZU;
          2. Halten Sie den linken Mausknopf fest;
          3. Markieren Sie NÄCHSTER;
          4. Lassen Sie den linken Mausknopf los.

Diese Befehlsfolge zeigt den nächsten Monat an, während Sie mit den nachfolgenden Befehlen zurückblättern.

Tastatur: 1. Öffnen Sie mit **Alt-G** das Menü GEHE ZU;
          2. Geben Sie *v* ein für VORHERGEHEND;
          3. Drücken Sie die **RETURN**-Taste.

Maus: 1. Bringen Sie den Mauszeiger auf GEHE ZU;
          2. Halten Sie den linken Mausknopf fest;
          3. Markieren Sie VORHERGEHEND;
          4. Lassen Sie den linken Mausknopf los.

Hier gelten die gleichen Abkürzungen wie im Tagesformat. Mit der Tastenkombination **Ctrl-PgDn** gelangen Sie zum nächsten Monat und **Ctrl-PgUp** blättert im Kalender einen Monat zurück. In der Monatsansicht können Sie auch mit den Tasten **PgDn** und **PgUp** blättern, ohne die Control-Taste zu betätigen. Mit der Maus können Sie unter Verwendung der Bildlaufleiste, die sich am rechten Rand des Kalenderfensters befindet, von einem Monat zum anderen springen. Bringen Sie dazu den Mauszeiger auf einen der beiden Pfeile und klicken diesen kurz an. Der obere Pfeil führt den Befehl GEHE ZU NÄCHSTER, der untere GEHE ZU VORHERGEHEND, aus. Ähnlich wie bei anderen Windows-Anwendungen finden Sie auf der Bildlaufleiste auch hier das Bildlauffenster. In diesem Fall dient es der Umschaltung auf verschiedene Jahre.

Mit Hilfe dieses Fensters können Sie einmal ausprobieren, welchen Zeitraum Ihr Kalender abdeckt.

Maus: 1. Bringen Sie den Mauszeiger auf das Bildlauffenster;
           2. Halten Sie den linken Mausknopf fest;
           3. Bildlauffenster ganz nach oben ziehen;
           4. Lassen Sie den linken Mausknopf los.

In der Datumsleiste erscheint das Datum, bei dem der Kalender beginnt. Plazieren Sie jetzt das Bildlauffenster an die unterste Stelle der Leiste und stellen Sie fest, bis zu welchem Jahr Sie Termine planen können. Ihr Kalender befindet sich nun im Jahre 2099. Im Übrigen können Sie mit der Maus von einem Jahr zum anderen blättern, indem Sie den Mauszeiger über oder unter das Bildlauffenster bringen und diese Stelle einmal anklicken.
Das Monatsformat bietet Ihnen einen weiteren Vorteil. Sie können hier sehr schnell einen Tag auswählen, an dem Sie Termine eintragen oder nachschlagen wollen. Benutzen Sie dazu die Pfeiltasten der Tastatur oder die Maus.

Tastatur: Markieren Sie den gewünschten Tag, indem Sie mit den
          Pfeiltasten das Datum anfahren und drücken Sie die **RETURN**-
          Taste.

Maus: Bringen Sie den Mauszeiger auf den gewünschten Tag und
           klicken diesen zweimal kurz an.

Der im Monatsformat ausgesuchte Tag wird nun in der Tagesansicht gezeigt. Um von der Tagesansicht wieder auf Monat umzuschalten, haben Sie mit der Maus die Möglichkeit, irgendeine Stelle in der Datumsleiste anzuklicken.
Jetzt kennen Sie alle Befehle, die es Ihnen ermöglichen, einen bestimmten Tag in Ihrer Terminplanung auszuwählen. Wie werden einzelne Termine eingetragen und gesucht? Speziell das Wiederfinden von Terminen wird noch in anderer Form gezeigt werden.

9.5 Eintragen von Terminen

Termine, die zu verschiedenen Gruppen gehören, sollten Sie auch in verschiedenen Dateien abspeichern. Erstellen Sie eine neue Datei, um die folgenden Übungen durchführen zu können.

Tastatur: 1. Öffnen Sie mit **Alt-D** das Menü DATEI;
          2. Geben Sie *n* ein für NEU;
          3. Drücken Sie die **RETURN**-Taste.

Maus: 1. Bringen Sie den Mauszeiger auf DATEI;
          2. Halten Sie den linken Mausknopf fest;
          3. Markieren Sie NEU;
          4. Lassen Sie den linken Mausknopf los.

Nach diesen Vorbereitungen können Sie jetzt Termine aufnehmen. Stellen Sie sicher, daß Sie sich im Tagesformat befinden und das aktuelle Datum angezeigt wird. Tragen Sie für diesen Tag zwei Termine ein. Einen um 8:00 Uhr und einen für 22:00 Uhr. Zu diesem Zweck müssen Sie die Einfügemarke, die sich im Terminbereich des Kalenders befindet, auf die entsprechenden Zeiten setzen. Das erreichen Sie über die Tastatur mit den Pfeiltasten oder indem der Mauszeiger auf die gewünschte Zeit gesetzt und der linke Mausknopf einmal angeklickt wird. Ihr Text kann nun eingegeben werden.
Um den Acht-Uhr-Termin einzugeben, brauchen Sie nur den Text einzufügen, da die Voreinstellung des Kalenders das Tagesformat um 8:00 Uhr anfangen läßt und Sie sich bereits an dieser Stelle befinden. Der Termin um 22:00 Uhr ist im Moment nicht sichtbar. Um diesen in die Anzeige des Fensters zu bringen, gehen Sie folgendermaßen vor:

Tastatur: Drücken Sie einmal **PgDn**.

Maus: 1. Bringen Sie den Mauszeiger auf unteren Pfeil der
          Bildlaufleiste;
          2. Klicken Sie den Pfeil solange an, bis 22:00 erscheint.

Bringen Sie nun die Einfügemarke mit den Pfeiltasten oder der Maus auf 22:00 Uhr und tragen Sie den Text für diesen Termin ein. Damit Sie später die Tage, an denen Sie Termine in den Kalender aufgenommen haben, schnell wiederfinden können, ermöglicht das Kalenderprogramm die Markierung von Terminen.

Tastatur: 1. Öffnen Sie mit **Alt-O** das Menü OPTIONEN;
          2. Geben Sie *k* ein für KENNZEICHNEN;
          3. Drücken Sie die **RETURN**-Taste.

Maus: 1. Bringen Sie den Mauszeiger auf OPTIONEN;
          2. Halten Sie den linken Mausknopf fest;
          3. Markieren Sie KENNZEICHNEN;
          4. Lassen Sie den linken Mausknopf los.

Das Markieren kann mit Hilfe der Funktionstaste **F6** abgekürzt werden. Um festzustellen, ob ein Tag des Kalenders markiert ist oder nicht, rufen Sie das Menü OPTIONEN auf und sehen sich den Befehl KENNZEICH- NEN an. Ist dieser am linken Rand des Befehlsmenüs abgehakt, ist der Tag gekennzeichnet. Führen Sie den gleichen Befehl nochmals aus, wird die Kennzeichnung gelöscht.
Bevor Sie weiterarbeiten, speichern Sie die bereits erstellten Termine in einer Datei. Dazu wählen Sie die Option SPEICHERN des DATEI-Menüs.

Tastatur: 1. Öffnen Sie mit **Alt-D** das Menü DATEI;
          2. Geben Sie *s* ein für SPEICHERN;
          3. Drücken Sie die **RETURN**-Taste.

Maus: 1. Bringen Sie den Mauszeiger auf DATEI;
          2. Halten Sie den linken Mausknopf fest;
          3. Markieren Sie SPEICHERN;
          4. Lassen Sie den linken Mausknopf los.

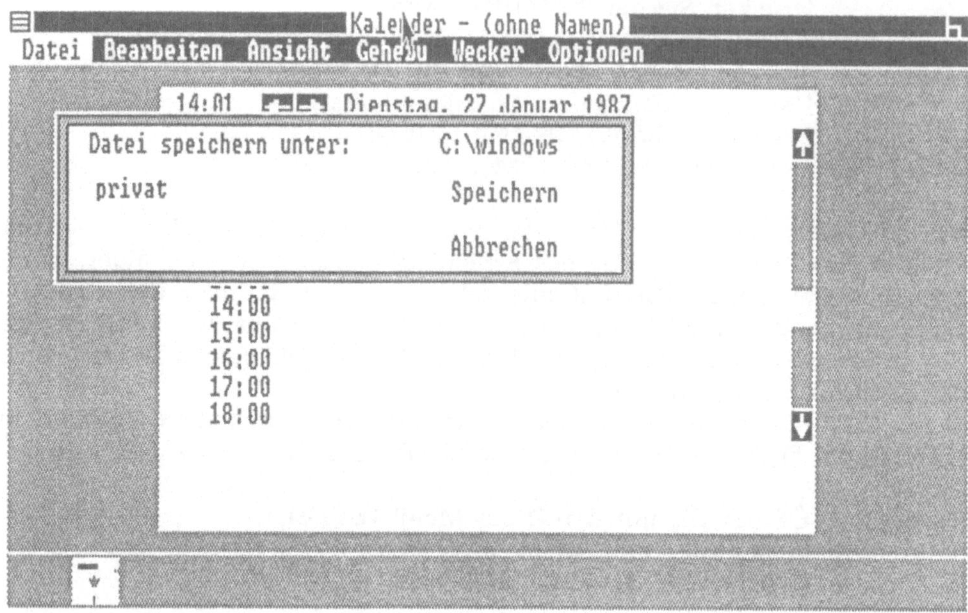

Nun erscheint ein Dialogfeld, in das Sie den Dateinamen eingeben, unter
dem Ihre Termine gespeichert werden sollen. Wählen Sie für diese Übung
den Namen PRIVAT. Das Kalenderprogramm speichert Ihre Datei unter
dem Namen PRIVAT.KAL ab, um die Datei als zum Kalendersystem zugehörig zu kennzeichnen. In der Titelleiste des Kalenderfensters erscheint
dieser Dateiname, so daß Sie immer wissen, in welcher Datei Sie sich augenblicklich befinden. Wollen Sie eine Datei einmal umbenennen, brauchen Sie diese nur unter Ihrem alten Namen zu laden und mit der Option
SPEICHERN UNTER des DATEI-Menüs abzulegen.

Bei der Eingabe von Terminen, können Sie den Text so formatieren, wie er auf der Arbeitsfläche erscheinen soll. Eine neue Zeile erreichen Sie mit <RETURN>, Leerzeichen fügen Sie mit der Leertaste ein und löschen können Sie mit der Rückschrittaste. Setzen Sie vorher die Einfügemarke mit den Pfeiltasten oder die Maus an die gewünschte Stelle. Wenn Sie den gesamten Text eines Termins löschen wollen, muß dieser komplett markiert werden (Umschalt-Pfeiltasten oder Maus); der neue Text wird darüber geschrieben. Um zusätzlich Informationen in den Notizbereich aufzunehmen, drücken Sie einmal **TAB** oder bringen den Mauszeiger in den Notizbereich und klicken diesen einmal an. Auf die gleiche Art kommen Sie auch in den Terminbereich zurück.

Die Zeiten beider Termine konnten Sie problemlos finden, da es sich nur um ganze Stunden gehandelt hat. Was aber, wenn Sie einen Termin um 9:41 Uhr eintragen wollen ? Für diesen Fall gibt es im Menü OPTIONEN den Befehl BESONDERE ZEIT. Mit diesem Befehl können Sie Termine eintragen, die sich über die TAGESEINSTELLUNGEN nicht erreichen lassen. Tragen Sie einmal einen Termin für 9:41 Uhr ein.

Tastatur: 1. Öffnen Sie mit **Alt-O** das Menü OPTIONEN;
          2. Geben Sie *b* ein für BESONDERE ZEIT;
          3. Drücken Sie die **RETURN-Taste**.

Maus: 1. Bringen Sie den Mauszeiger auf OPTIONEN;
          2. Halten Sie den linken Mausknopf fest;
          3. Markieren Sie BESONDERE ZEIT;
          4. Lassen Sie den linken Mausknopf los.

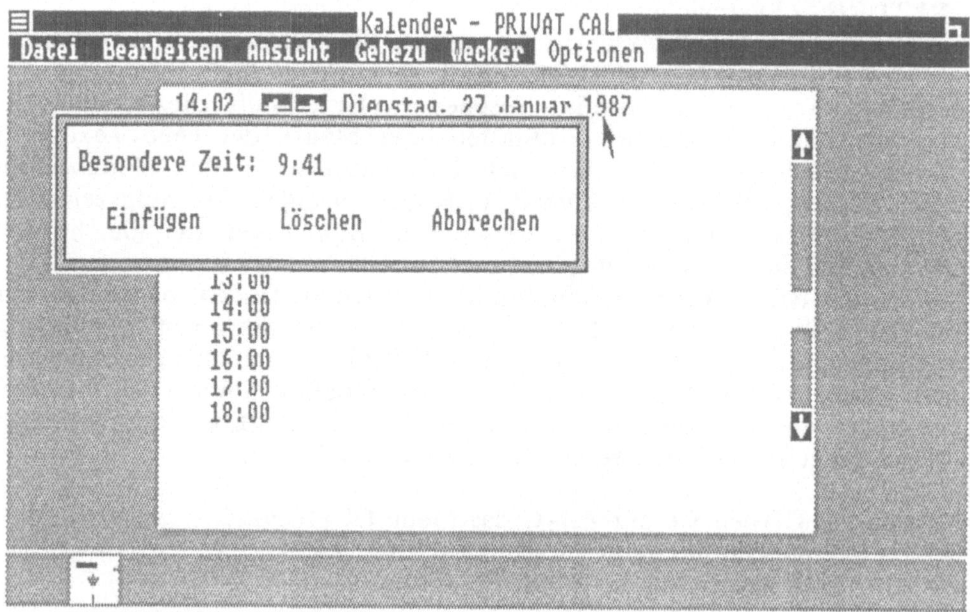

Im aktuellen Fenster erscheint jetzt ein Dialogfeld, in das Sie die gewünschte Zeit eintragen. Geben Sie hier bitte *9:41* ein und betätigen Sie
die **RETURN**-Taste. Die Uhrzeit, die Sie gerade eingesetzt haben, wird
nun an die entsprechende Stelle in der Tagesansicht gesetzt und die Einfügemarke erscheint dahinter.

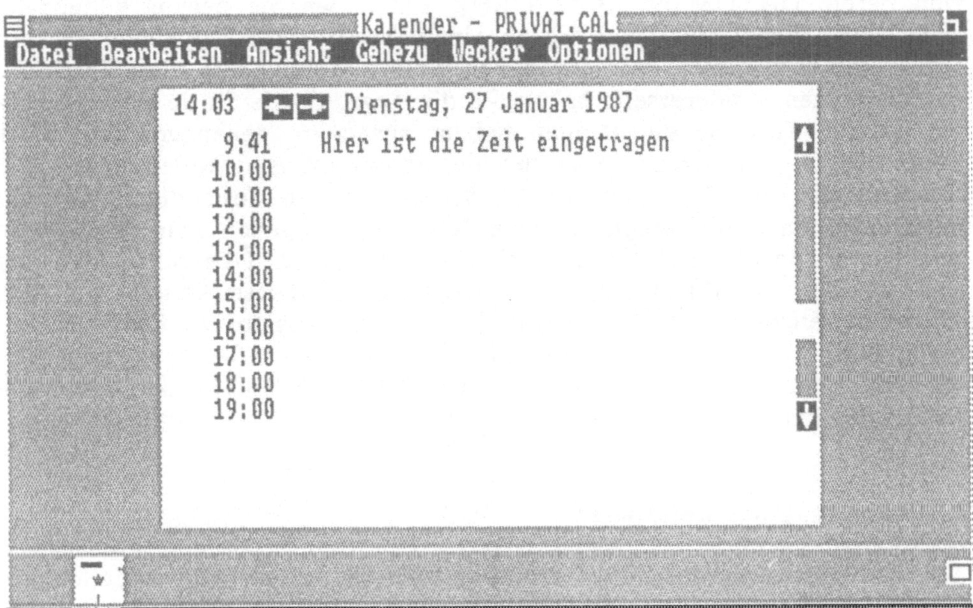

Auf diese Weise haben Sie die Möglichkeit, Termine zu Zeiten einzutra-
gen, die sich standardmäßig nicht im Kalender befinden. Die Abkürzung
für den Befehl BESONDERE ZEIT aus dem Menü OPTIONEN ist **F7**
(Funktionstaste 7).
Blättern Sie in der Tagesansicht ein paar Tage weiter und tragen Sie einige Termine ein. Vergessen Sie dabei nicht, die einzelnen Tage zu
markieren. Speichern Sie anschließend Ihre Datei ab, indem Sie den Befehl SPEICHERN aus dem Menü DATEI verwenden.

9.6 Anzeige eingetragener Termine

Den Befehl DATUM im Menü GEHE ZU haben Sie bereits kennengelernt. Wenn Sie wissen, daß Sie an einem bestimmten Tag einen Termin
haben und sich diesen anzeigen lassen wollen, können Sie diese Funktion
dazu benutzen. Andererseits haben Sie die Tage, in die Sie in der vorherigen Übung Termine eingetragen haben, zusätzlich gekennzeichnet. Dies
kommt Ihnen jetzt zugute. Schalten Sie einmal auf das Monatsformat um.
Drücken Sie die Funktionstaste **F10**. Sie werden feststellen, daß die
markierten Tage mit einem kleinen Rechteck umgeben sind. Auf diese
Art haben Sie die Möglichkeit, sich schnell einen Überblick über die
Termine des jeweiligen Monats zu verschaffen. Diese können Sie sich
schnell anzeigen lassen (ohne lange in der Tagesansicht zu blättern), um
einen bestimmten Eintrag wiederzufinden. Markieren Sie den gewünschten Tag, indem Sie diesen mit den Pfeiltasten ansteuern und dann die
RETURN-Taste drücken oder ihn mit der Maus zweimal kurz anklicken.

9.7 Anpassung des Kalenders

Das Kalenderprogramm des Windows-Systems bietet die Möglichkeit,
Ihren Kalender für Ihre Zwecke anzupassen. Dabei handelt es sich um
verschiedene Möglichkeiten die Zeitintervalle im Tagesformat zu setzen,
zwischen amerikanischem und europäischem Uhrzeitformat umzuschalten
und die Zeit, die in der Tagesansicht als erste angezeigt wird, festzulegen.
Rufen Sie jetzt im Menü OPTIONEN den Befehl TAGESEINSTELLUN-
GEN auf und sehen Sie sich die verschiedenen Möglichkeiten an.

Tastatur: 1. Öffnen Sie mit **Alt-O** das Menü OPTIONEN;
          2. Geben Sie *t* ein für TAGESEINSTELLUNGEN;
          3. Drücken Sie die **RETURN**-Taste.

Maus: 1. Bringen Sie den Mauszeiger auf OPTIONEN;
       2. Halten Sie den linken Mausknopf fest;
       3. Markieren Sie TAGESEINSTELLUNGEN;
       4. Lassen Sie den linken Mausknopf los.

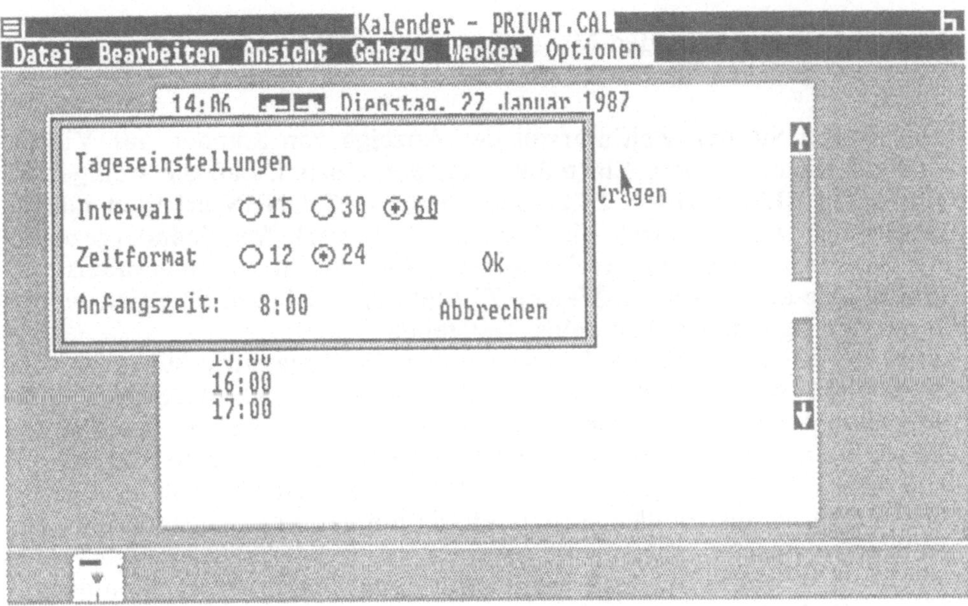

Ein Dialogfeld, in das Sie die gewünschten Einstellungen vornehmen können, erscheint. In der ersten Auswahlleiste sehen Sie den Begriff **Intervall**.
Hier können Sie angeben, in welchen Zeitabständen die einzelnen Zeilen
der Tagesansicht dargestellt werden sollen. Probieren Sie das einmal aus.
Stellen Sie vorher sicher, daß Sie sich im Tagesformat befinden.

Tastatur: 1. Drücken Sie zweimal Pfeil nach links;
         2. Geben Sie **RETURN** ein.

Maus: 1. Bringen Sie den Mauszeiger auf das Feld 15;
         2. Klicken Sie einmal OK an.

Damit haben Sie den Zeitintervall der Anzeige von Stunden auf Viertel-
stunden verändert. Diese Einstellung hat den Vorteil, daß Sie weniger mit
dem Befehl BESONDERE ZEIT des Menüs OPTIONEN arbeiten müssen.
Andererseits wird dadurch ein Tag ziemlich stark "auseinandergezogen".
Eine Zwischeneinstellung erreichen Sie, indem Sie in der Intervalleiste die
Zeitabstände auf 30 setzen. Welche Einstellung für Sie optimal ist, werden
Sie bei der täglichen Arbeit selbst feststellen.
Rufen Sie noch einmal das Dialogfeld für die Tageseinstellungen auf. In
der zweiten Auswahlleiste können Sie das Zeitformat festlegen. Dabei
wird einmal das 24-Stunden-Format, bei dem die Zeiten von 0:00 bis
23:59 Uhr, und das 12-Stunden-Format, bei dem die Zeiten von 1:00 bis
11:59 Uhr mit den Angaben "am" und "pm" reichen, dargestellt. Um den
Unterschied herauszustellen, probieren Sie einmal diese Einstellungen aus.

Tastatur: 1. Drücken Sie **TAB**, um in die Zeile Zeitformat zu kommen;
         2. Markieren Sie mit den Pfeiltasten das Feld 12;
         3. Drücken Sie die **RETURN**-Taste.

Maus: 1. Kreuzen Sie mit der Maus das Feld 12 an;
         2. Wählen Sie dann OK.

Die letzte Zeile im Dialogfeld TAGESEINSTELLUNGEN betrifft die erste anzuzeigende Zeit, wenn Sie sich im Tagesformat befinden. Wenn Ihre
Termine erst um 10:00 beginnen, dann können Sie diese Zeit hier
einsetzen, um nicht erst bis dorthin blättern zu müssen.
Alle Einstellungen, die Sie vornehmen, beziehen sich immer auf die
aktuelle Datei und werden zusammen mit den Daten abgespeichert. Benutzen Sie nun die TAGESEINSTELLUNGEN, um den Urzustand
wiederherzustellen. Setzen Sie **Intervall** auf 60, **Zeitformat** auf 24 und die
Anfangszeit auf 8:00.

9.8 Benutzung des Weckers

Das Windows-Kalenderprogramm besitzt einen Wecker, wobei es sich eher
um ein Signal handelt, das Sie an anstehende Termine erinnern und nicht
aus dem Schlaf aufschrecken soll. Mit dem Befehl EINSTELLEN des
WECKER-Menüs können Sie für Termine den Wecker ein- bzw. ausschalten. Zuerst müssen Sie die Weckzeit auswählen. Dies geschieht im
Tagesformat unter Verwendung der Pfeiltasten oder mit der Maus oder
dem Befehl BESONDERE ZEIT. Für die folgende Übung gehen Sie
folgendermaßen vor: Sehen Sie sich in der Datumsleiste an, welche Zeit
dort angezeigt wird. Addieren Sie zu dieser Zeit drei Minuten und geben
diese mit dem Befehl BESONDERE ZEIT ein (Abkürzung F7). Jetzt stellen Sie den Wecker ein.

Tastatur: 1. Öffnen Sie mit **Alt-W** das Menü WECKER;
          2. Geben Sie *e* ein für EINSTELLEN;
          3. Drücken Sie die **RETURN**-Taste.

Maus: 1. Bringen Sie den Mauszeiger auf WECKER;
          2. Halten Sie den linken Mausknopf fest;
          3. Markieren Sie EINSTELLEN;
          4. Lassen Sie den linken Mausknopf los.

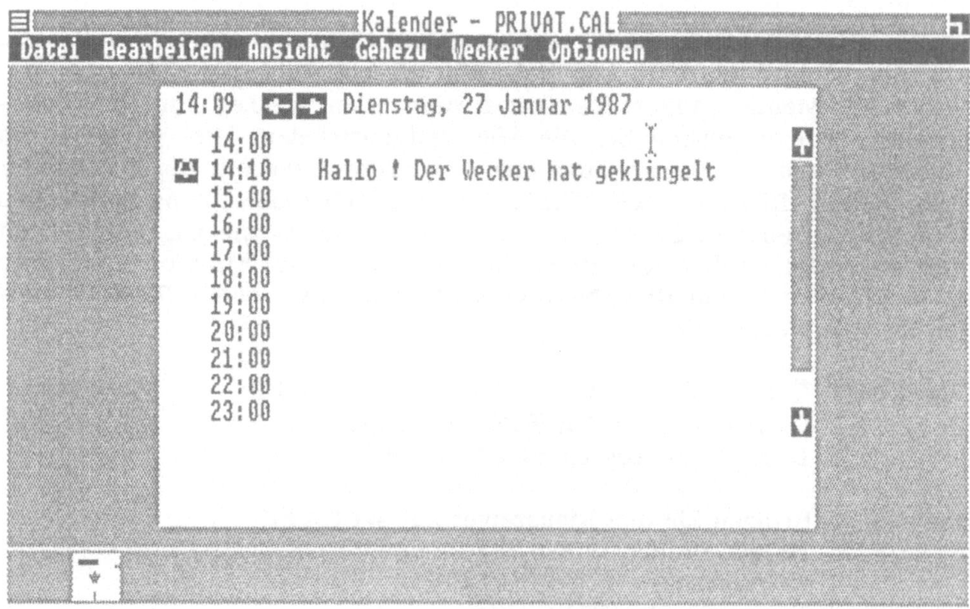

Links neben dem gerade eingetragenen Termin erscheint eine kleine
Glocke, das Symbol für den Wecker. Tragen Sie bitte in das Terminfeld
den Text *Hallo! Der Wecker hat geklingelt.* ein und bestätigen Sie Ihre
Eingabe mit der **RETURN**-Taste. Das Einstellen des Weckers ist auch mit
der Abkürzung F5 möglich. Wenn Sie eine bereits mit dem Wecker
markierte Zeile nochmals mit der Einstellfunktion versehen, wird die
Weckfunktion an dieser Position gelöscht. Sobald die Weckzeit erreicht ist,
erscheint ein Informationsfeld, das Sie an die Zeit und den mit dem
Wecker gekennzeichneten Termin erinnert. Drücken Sie **RETURN** oder
klicken Sie das Feld **OK** an, um das Informationsfeld vom Bildschirm zu
löschen.

Im Normalfall werden Sie natürlich nicht den Wecker stellen und warten,
bis er klingelt, wie das bei der letzten Übung der Fall war. Das Kalenderprogramm wird sich sicher in einem anderen Fenster oder im Sinnbildbereich befinden, während Sie mit einem anderen Programm arbeiten.
Im ersten Fall macht sich der Wecker durch Blinken der Titelleiste und
Piepen bemerkbar. Wenn Sie dann das Fenster, in dem der Kalender
läuft, durch Anklicken mit der Maus oder Drücken der Tastenkombination **Alt-TAB** aktivieren, wird das Informationsfeld des Weckers angezeigt. Liegt der Kalender als Sinnbild vor, piepst er ebenfalls und das
Sinnbild beginnt zu blinken. Sobald Sie es mit der Tastatur oder der Maus
in den aktiven Zustand versetzen, wird der Informationsbereich angezeigt.
Zusätzlich zu den bisher besprochenen Funktionen des Weckers können
Sie festlegen, ob ein akustisches Signal gewünscht wird und wieviele
Minuten vor dem Termin der Wecker mitteilen soll, daß ein Termin an-
steht. Diese Funktionen befinden sich im Menü WECKER unter dem
Punkt STEUERUNG. Stellen Sie hier ein, daß Sie fünf Minuten vor dem
tatsächlichen Termin informiert werden möchten und kein akustisches
Signal wünschen.

Tastatur: 1. Öffnen Sie mit **Alt-W** das Menü WECKER;
          2. Geben Sie *s* ein für STEUERUNG;
          3. Drücken Sie die **RETURN**-Taste.

Maus: 1. Bringen Sie den Mauszeiger auf WECKER;
          2. Halten Sie den linken Mausknopf fest;
          3. Markieren Sie STEUERUNG;
          4. Lassen Sie den linken Mausknopf los.

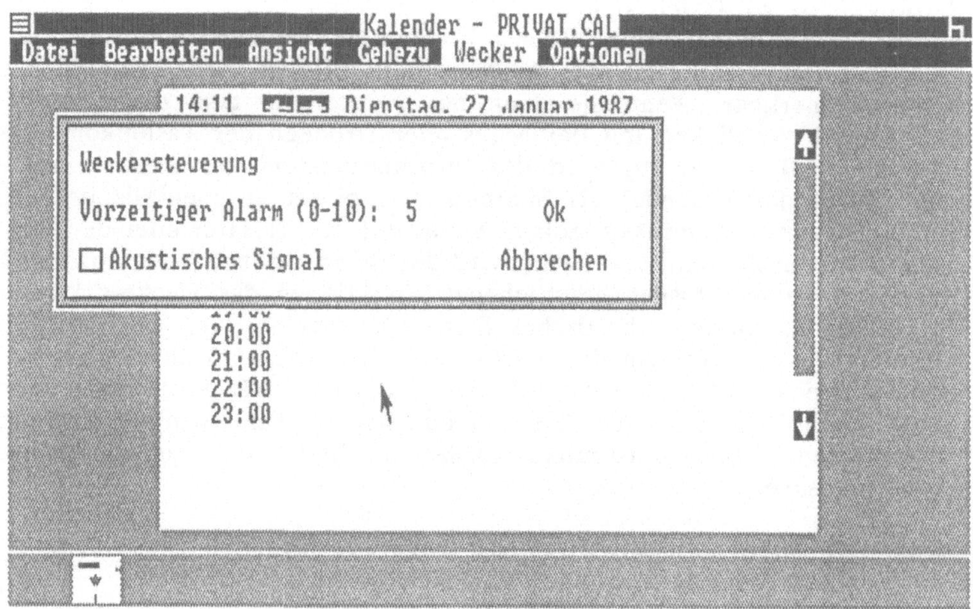

Das Dialogfeld, das jetzt erscheint besitzt die beiden Felder VORZEITI-GER ALARM und AKUSTISCHES SIGNAL. Tragen Sie in das erste Feld die Zahl *5* ein. Wechseln Sie mit **TAB** oder der Maus in die zweite Zeile und entfernen Sie das Kreuz im Feld AKUSTISCHES SIGNAL. Drücken Sie die **RETURN**-Taste oder bestätigen Sie die Fläche **OK**.

9.9 Drucken und Löschen von Terminen

Eine schnelle Terminübersicht können Sie sich durch Ausdrucken verschaffen. Zu diesem Zweck befindet sich im Menü DATEI der Befehl DRUCKEN. Laden Sie die Datei, die Sie in einer der vorherigen Übungen erstellt haben.

Tastatur: 1. Öffnen Sie mit **Alt-D** das Menü DATEI;
          2. Geben Sie *l* ein für LADEN;
          3. Drücken Sie die **RETURN**-Taste.

Maus: 1. Bringen Sie den Mauszeiger auf DATEI;
          2. Halten Sie den linken Mausknopf fest;
          3. Markieren Sie LADEN;
          4. Lassen Sie den linken Mausknopf los.

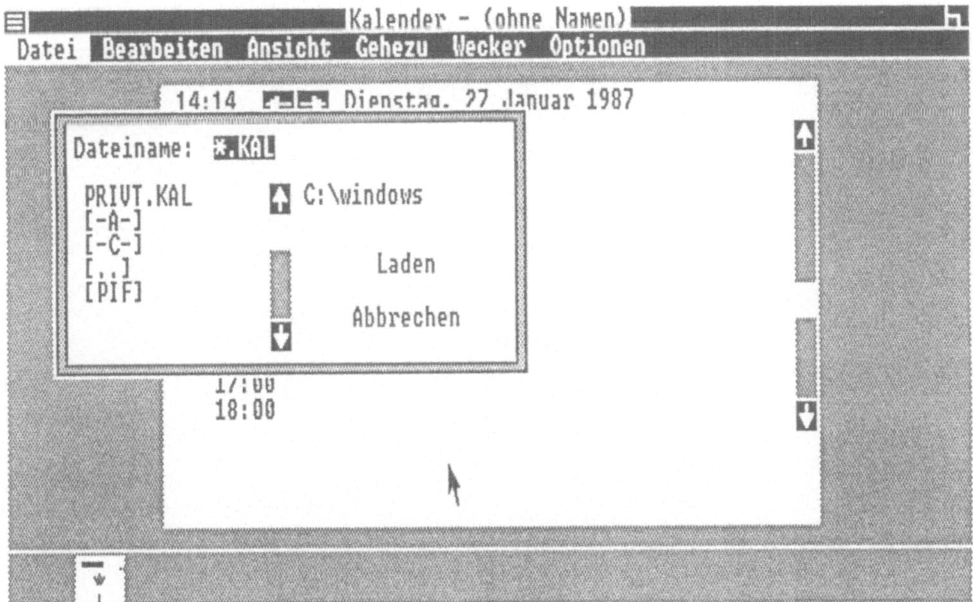

Nun erscheint ein Dialogfeld, aus dem Sie unter den zum Kalender gehörenden Dateien PRIVAT.KAL auswählen, indem Sie diese
"Doppelklicken" oder mit den Pfeiltasten der Tastatur aussuchen und mit
<RETURN> bestätigen. Eine weitere Möglichkeit, Kalenderdateien zu la-
den, besteht aus dem Start vom MS-DOS-Fenster aus. Windows erkennt
dabei, daß es sich um Kalenderdateien handelt, startet diesen automatisch
und lädt die ausgesuchte Datei. Wenn Ihre Datei geladen ist, können Sie
darangehen, die Termine ausdrucken zu lassen.

Tastatur: 1. Öffnen Sie mit **Alt-D** das Menü DATEI;
             2. Geben Sie *d* ein für DRUCKEN;
             3. Drücken Sie die **RETURN**-Taste.

Maus: 1. Bringen Sie den Mauszeiger auf DATEI;
             2. Halten Sie den linken Mausknopf fest;
             3. Markieren Sie DRUCKEN;
             4. Lassen Sie den linken Mausknopf los.

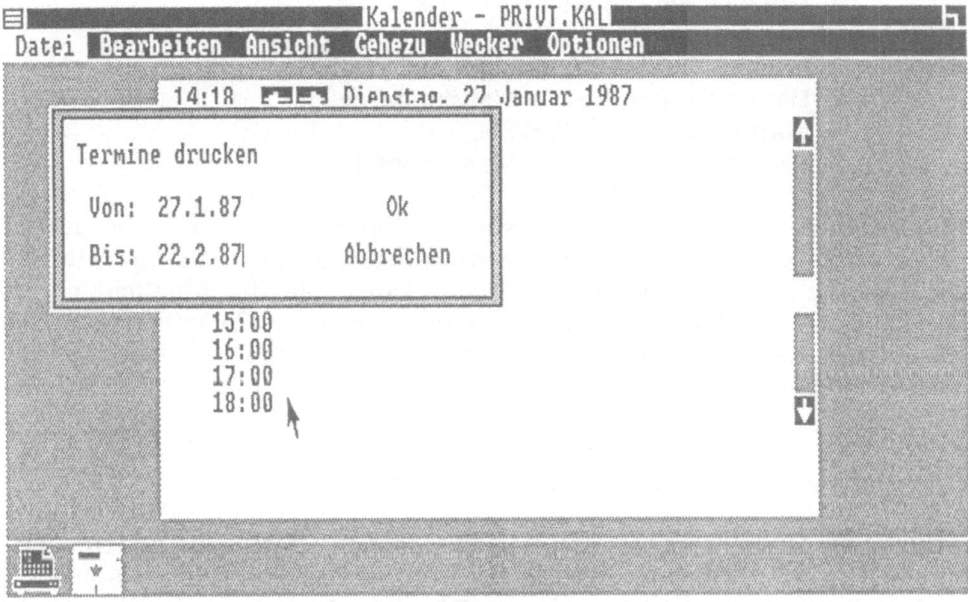

Windows druckt Termine eines von Ihnen gewählten Zeitintervalls. Die
entsprechenden Daten müssen in das Dialogfeld eintragen werden, das den
Druck steuert. Nach der Bestätigung mit der **RETURN**-Taste werden die
Termine gedruckt. Zunächst erscheint der Druckerspooler in einem klei-
nen Fenster auf dem Bildschirm. Hier haben Sie die Möglichkeit, den
Druck zu unterbinden.
Nach dem gleichen Prinzip des Terminausdrucks funktioniert auch das
Löschen von Terminen. Hier wird ebenfalls nach einem Zeitintervall ge-
fragt, das Sie angeben können. Versuchen Sie es einmal.

Tastatur: 1. Öffnen Sie mit **Alt-D** das Menü DATEI;
           2. Geben Sie zweimal *l* ein für LÖSCHEN;
           3. Drücken Sie die **RETURN**-Taste.

Maus: 1. Bringen Sie den Mauszeiger auf DATEI;
           2. Halten Sie den linken Mausknopf fest;
           3. Markieren Sie LÖSCHEN;
           4. Lassen Sie den linken Mausknopf los.

Die Termine des von Ihnen ausgesuchten Zeitintervalls sind nun aus der Datei entfernt worden. Wenn Ihnen nach dem Löschvorgang auffällt, daß die Daten doch noch benötigt werden, haben Sie die Möglichkeit, die gleiche Datei von Platte oder Diskette zu laden. Diese ist unverändert und Sie müssen die Frage, ob Veränderungen in der aktuellen Datei gespeichert werden sollen, verneinen.

9.10 Datenaustausch mit anderen Programmen

Mittels der Zwischenablage ist es auch möglich, Daten aus anderen Programmen in den Kalender zu übertragen bzw. Daten aus dem Kalender in andere Programme zu transferieren. Die dazu benötigten Befehle finden Sie im Menü BEARBEITEN. Dieses wird hier nur noch der Vollständigkeit halber erwähnt. Eine genaue Beschreibung finden Sie zusammen mit einem Anwendungsbeispiel im Kapitel zur Zwischenablage.
Eine mögliche Anwendung wäre, die Adresse eines Geschäftspartners, mit dem Sie einen Termin haben, aus der Kartei zu holen und in den Notizbereich des Kalenders zu übertragen. Beachten Sie bitte, daß Sie im Tagesformat in den Terminbereich immer nur die erste Zeile des Inhalts der Zwischenablage übertragen können.

10 Der Notizblock

Das Windows-Programm NOTIZ.EXE soll Ihnen als Notizbuch dienen. Sie können hier verschiedene Informationen eintragen oder NOTIZ.EXE als Editor für kleinere Programme benutzen. Zum Bearbeiten größerer Texte ist der Notizblock nicht geeignet. Für derartige Aufgaben steht Ihnen das Windows-Write-Programm zur Verfügung.

10.1 Funktionsübersicht

System : siehe Kapitel 5.

DATEI

NEU	: Erstellt neue Arbeitsdatei;
DATEI LADEN	: Öffnet eine vorhandene Arbeitsdatei;
SPEICHERN	: Speichert eine vorhandene Datei ab;
SPEICHERN UNTER	: Speichert eine Datei unter neuem Namen;
DRUCKEN	: Druckt Arbeitsdatei aus.

BEARBEITEN

RÜCKGÄNGIG	: Macht letzte Handlung rückgängig;
AUSSCHNEIDEN	: Kopiert Bereich in Ablage, mit Löschen;
KOPIEREN	: Kopiert markierten Bereich in die Ablage;
EINFÜGEN	: Kopiert Inhalt der Ablage an die Cursorposition;
LÖSCHEN	: Löscht markierten Bereich der Arbeitsdatei;
ALLES MARKIEREN	: Markiert die gesamte Arbeitsdatei;
UHRZEIT/DATUM	: Fügt Datum und Uhrzeit ein;
ZEILENUMBRUCH	: Schaltet den Zeilenumbruch ein.

SUCHEN

SUCHEN	: Sucht einen Begriff in der Arbeitsdatei;
WEITERSUCHEN	: Suche wiederholen.

Abkürzungen:

Umsh/ESC   : Rückgängig;
DEL   : Ausschneiden;
F2   : Kopieren;
INS   : Einfügen;
F5   : Uhrzeit/Datum;
F3   : Weitersuchen.

10.2 Starten des Notizblocks

Stellen Sie sicher, daß Sie sich im MS-DOS-Fenster befinden, und markieren Sie die Datei NOTIZ.EXE.

Tastatur: Markieren Sie mit den Pfeiltasten NOTIZ.EXE und betätigen Sie
           die RETURN-Taste.

Maus: Bringen Sie den Mauszeiger auf die Datei NOTIZ.EXE und
          starten Sie das Programm mit einem Doppelklicken des linken
          Mauszeigers.

Auf dem Bildschirm erscheint eine leere Seite des Notizblocks. Sie können
sofort einen Text eintragen. Vergleichen Sie bitte Ihre Bildschirmausgabe
mit der folgenden Abbildung.

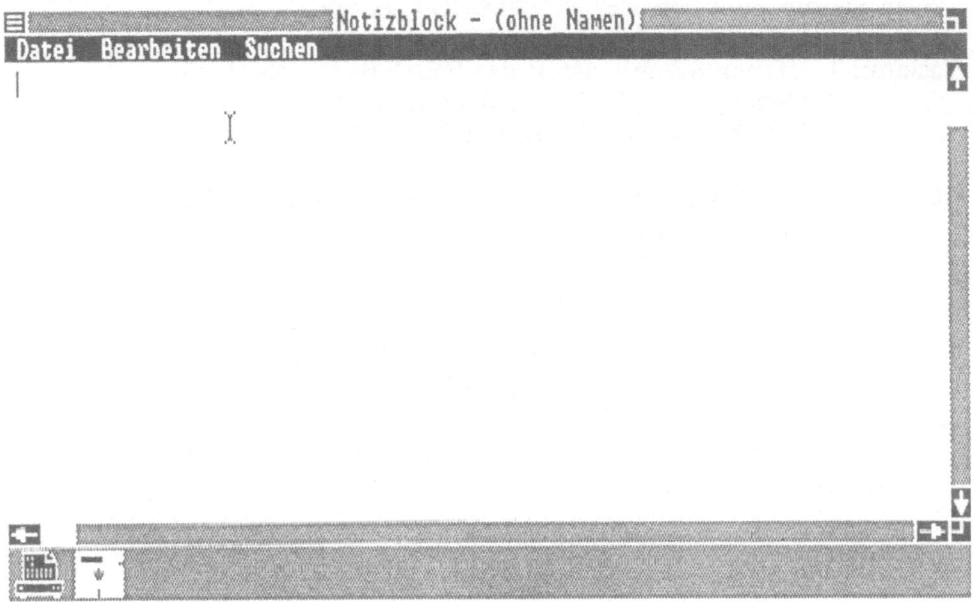

Über der Arbeitsfläche sehen Sie die Titel- und die Menüleiste. Ihr Arbeitsblatt hat im Moment noch keinen Titel. Das erkennen Sie an der Angabe (ohne Namen) in der Titelleiste. Sobald Sie Ihrer Arbeitsdatei einen Namen gegeben haben, wird dieser hier angezeigt. Die Menüleiste zeigt die drei Menüs DATEI, BEARBEITEN und SUCHEN, die Befehle zur Textbearbeitung enthalten. Am unteren Bildschirmrand befindet sich der Sinnbildbereich. An der rechten Bildschirmseite und am unteren Rand der Arbeitsfläche sehen Sie jeweils eine Bildlaufleiste, die zwei Pfeile und ein kleines Fenster enthält. Diese dienen dem Blättern in größeren Texten.

10.3 Texteingabe und Formatierung

Stellen Sie die Funktion ZEILENUMBRUCH ein.

Tastatur: 1. Öffnen Sie mit **Alt-B** das BEARBEITEN-Menü;
          2. Geben Sie *z* ein für ZEILENUMBRUCH;
          3. Drücken Sie die **RETURN**-Taste.

Maus: 1. Bringen Sie den Mauszeiger auf BEARBEITEN;
          2. Halten Sie den linken Mausknopf fest;
          3. Mauszeiger auf ZEILENUMBRUCH bringen;
          4. Lassen Sie den linken Mausknopf los.

Tragen Sie den folgenden Text in das Notizbuch ein. Sie werden ihn auch für weitere Übungen in diesem Kapitel benötigen.

Ein Übungstext für den Windows-Notizblock sollte eine Reihe von Kriterien erfüllen:

1. Er muß kurz sein;
2. Er soll eine Anwendung verständlich machen;
3. Er muß unwichtig sein.

Der dritte Punkt ist besonders zu beachten, da Bedienungsfehler, die zum Verlust des Textes führen, nicht so bedeutend sind.

Wenn Sie sich bei der Eingabe vertippen, haben Sie schon die Vorarbeit für eine der nächsten Übungen, das Löschen von Texten geleistet.
Damit Sie den Text wie oben angegeben, formatieren können, haben Sie verschiedene Möglichkeiten. Eine neue Zeile erreichen Sie mit <RETURN>, Leerzeichen fügen Sie mit der Leertaste ein und mit der Rückschrittaste können Sie zurück gehen. Geben Sie die Textformatierung so ein, wie es Ihren Vorstellungen entspricht. Damit Sie bestimmte Stellen im Text schnell erreichen können, steht die Taste **TAB** zur Verfügung. Bei jedem TAB springt der Cursor eine bestimmte Distanz weiter. So können Sie z.B. leicht Tabellen erstellen.

10.4 Editieren von Text

10.4.1 Markieren von Textstellen

Die wichtigsten Funktionen des BEARBEITEN-Menüs beziehen sich auf
den Teil des Textes, der markiert ist. Sie müssen zunächst lernen, wie Sie
Textstellen markieren. Als Übung versuchen Sie einmal, das Wort
"Anwendung" in dem eben erstellten Text zu markieren.

Tastatur: 1. Gehen Sie mit den Pfeiltasten auf das A von Anwendung;
          2. Drücken Sie die Umschalttaste und halten Sie sie fest;
          3. Markieren Sie das Wort mit der Pfeil-Rechts-Taste;
          4. Lassen Sie die Umschalttaste los.

Maus: 1. Bringen Sie den Mauszeiger auf das A von Anwendung;
          2. Halten Sie den linken Mausknopf fest;
          3. Ziehen Sie den Mauszeiger nach rechts;
          4. Lassen Sie den linken Mausknopf los.

Nun ist das Wort "Anwendung" im Text markiert. Auf die gleiche Weise
können Sie beliebig viele Wörter und Zeilen markieren.
Wenn Sie für eine Aktion den gesamten Text markieren müssen, können
Sie das mit der Option "ALLES MARKIEREN", des BEARBEITEN-
Menüs realisieren.

Tastatur: 1. Öffnen Sie mit **Alt-B** das BEARBEITEN-Menü;
          2. Geben Sie zweimal *a* ein für ALLES MARKIEREN;
          3. Drücken Sie die RETURN-Taste.

Maus: 1. Bringen Sie den Mauszeiger auf BEARBEITEN;
          2. Halten Sie den linken Mausknopf fest;
          3. Plazieren Sie den Mauszeiger auf ALLES MARKIEREN;
          4. Lassen Sie den linken Mausknopf los.

Die Möglichkeit Texte zu markieren, werden Sie für die Arbeit mit dem
Notizblock ständig benötigen.

10.4.2 Löschen und Einfügen

Das Notizprogramm bietet verschiedene Möglichkeiten, Text zu löschen.
Markieren Sie in Ihrem Übungstext den Satz "Er muß kurz sein". Wenn
Sie diesen anschließend löschen wollen, gehen Sie folgendermaßen vor:

Tastatur: 1. Öffnen Sie mit **Alt-B** das BEARBEITEN-Menü;
2. Markieren Sie LÖSCHEN mit den Pfeiltasten;
3. Drücken Sie die **RETURN**-Taste.

Maus: 1. Bringen Sie den Mauszeiger auf das BEARBEITEN-Menü;
2. Halten Sie den linken Mausknopf fest;
3. Setzen Sie den Mauszeiger auf LÖSCHEN;
4. Lassen Sie den linken Mausknopf los.

Der zuvor markierte Text ist nun gelöscht. Die Funktion RÜCKGÄNGIG des BEARBEITEN-Menüs gestattet es, die jeweils letzte Aktion wieder rückgängig zu machen. Da Sie als letztes den markierten Text gelöscht haben, können Sie diesen Text wieder in den Notizblock zurückholen, indem Sie die RÜCKGÄNGIG-Funktion benutzen.

Tastatur: 1. Öffnen Sie mit **Alt-B** das BEARBEITEN-Menü;
2. Markieren Sie RÜCKGÄNGIG mit den Pfeiltasten;
3. Drücken Sie die **RETURN**-Taste.

Maus: 1. Bringen Sie den Mauszeiger auf das BEARBEITEN-Menü;
2. Halten Sie den linken Mausknopf fest;
3. Setzen Sie den Mauszeiger auf RÜCKGÄNGIG;
4. Lassen Sie den linken Mausknopf los.

Der zuvor gelöschte Satz ist nun wieder in dem Text enthalten.

Eine Vielzahl von Befehlen, die Sie normalerweise über die Menüs des Windows-Systems ausführen, können auch direkt über die Tastatur eingegeben werden ohne ein Menü zu öffnen. Sie können z.B. die Funktion RÜCKGÄNGIG auch über die Tastenkombination **Umschalttaste** und **Escape** starten. Versuchen Sie es einmal. Drücken Sie die Umschalttaste, gleichzeitig die Escape-Taste und lassen beide wieder los. Wenn Sie die RÜCKGÄNGIG-Funktion oft brauchen, ist diese Möglichkeit sicherlich schneller als erstgenannte.
Gerade haben Sie die Funktion LÖSCHEN kennengelernt. Was Sie mit diesem Befehl löschen, kann nur direkt mit RÜCKGÄNGIG zurückgeholt werden, da sich RÜCKGÄNGIG immer nur auf den letzten ausgeführten Befehl bezieht.

10.4.3 Textstellen verschieben

Die nächsten Befehle des BEARBEITEN-Menüs verwenden die Windows-Zwischenablage. Die Zwischenablage müssen Sie sich als Zwischenspeicher vorstellen, in den die von Ihnen markierten Textstellen abgelegt werden. Der Text bleibt solange dort stehen, bis etwas Neues dort hineingeschrieben wird. Dabei arbeitet die Zwischenablage im Hintergrund; Sie merken nichts davon. Wie das alles funktioniert, werden Sie bei den folgenden Übungen erkennen.

Markieren Sie den kompletten ersten Satz Ihres Übungstextes. Nehmen wir an, Sie wollen diesen Satz an eine andere Position im Text verschieben; gehen Sie folgendermaßen vor:

Tastatur: 1. Öffnen Sie mit **Alt-B** das BEARBEITEN-Menü;
           2. Markieren Sie AUSSCHNEIDEN mit den Pfeiltasten;
           3. Drücken Sie die **RETURN**-Taste.

Maus: 1. Bringen Sie den Mauszeiger auf das BEARBEITEN-Menü;
           2. Halten Sie den linken Mausknopf fest;
           3. Setzen Sie den Mauszeiger auf AUSSCHNEIDEN;
           4. Lassen Sie den linken Mausknopf los.

Der markierte Satz ist nun verschwunden. Sie können ihn gleich wieder einfügen. Gehen Sie dazu mit den Pfeiltasten oder der Maus an die Position im Text, an der Sie den Satz haben möchten. Wählen Sie für diese Übung die Zeile über dem letzten Satz. Wenn Sie mit der Maus arbeiten, müssen Sie den Mauszeiger an die gewünschte Stelle setzten und einmal den linken Mausknopf drücken. Jetzt können Sie den zuvor markierten Teil des Textes dort einfügen.

Tastatur: 1. Öffnen Sie mit **Alt-B** das BEARBEITEN-Menü;
           2. Markieren Sie EINFÜGEN mit den Pfeiltasten;
           3. Drücken Sie die **RETURN**-Taste.

Maus: 1. Bringen Sie den Mauszeiger auf das BEARBEITEN-Menü;
           2. Halten Sie den linken Mausknopf fest;
           3. Setzen Sie den Mauszeiger auf EINFÜGEN;
           4. Lassen Sie den linken Mausknopf los.

Sie haben jetzt den markierten Text aus seiner ursprünglichen Position entfernt und an eine andere Stelle plaziert.

Die Funktionen AUSSCHNEIDEN und EINFÜGEN lassen sich auf eine andere Art und Weise schneller und einfacher ausführen, als über das BEARBEITEN-Menü. Die Taste DEL (Löschen) entspricht dabei dem Befehl AUSSCHNEIDEN, während EINFÜGEN mit der Taste INS (Einfügen) belegt ist. Probieren Sie diese Arbeitsweise einmal aus, indem Sie den eben verschobenen Text wieder an seine ursprüngliche Position bringen.

1. Markieren Sie den Text;
2. Drücken Sie *DEL*;
3. Gehen Sie mit den Pfeiltasten an den Textanfang;
4. Drücken Sie *INS*.

Nun steht der Satz wieder an der Anfangsposition. Auf diese Weise können Sie einen Text an einer bestimmten Position löschen und an anderer Stelle wieder einfügen. Wenn Sie den markierten Abschnitt an anderer Stelle einfügen wollen, ohne ihn an der ursprünglichen Position zu löschen, erreichen Sie das mit der KOPIEREN-Funktion des BEARBEITEN-Menüs. Dazu gehen Sie wie im vorherigen Beispiel vor. Die KOPIEREN-Funktion belegt das Tastaturkürzel F2 (Funktionstaste 2). Plazieren Sie den ersten Satz den Übungstextes in die Zeile vor dem letzten Satz, ohne den markierten Bereich dabei zu löschen.

1. Markieren Sie den Text;
2. Drücken Sie *F2*;
3. Gehen Sie mit den Pfeiltasten an den Textanfang;
4. Drücken Sie *INS*.

Auf diese Weise können Sie Textbausteine innerhalb einer Notizblockdatei einfach verschieben.

10.4.4 Text in andere Programme übertragen

Die Funktionen AUSSCHNEIDEN, KOPIEREN und EINFÜGEN arbeiten mit der Zwischenablage. Der markierte Teil des Textes wird durch AUSSCHNEIDEN oder KOPIEREN dort abgelegt und kann dann wieder mit EINFÜGEN an eine andere Stelle gebracht werden. Da die Zwischenablage völlig unabhängig von den einzelnen Windows-Programmen ist, bleibt die Information, die Sie aus einem Programm - z.B. dem Notizblock - dorthin kopiert haben auch erhalten, wenn Sie zu einer anderen Anwendung wechseln. So können Sie z.B. den zuvor markierten Satz aus dem Notizblock in das Windows-Textverarbeitungsprogramm Write übertragen. Versuchen Sie das einmal:

1. Markieren Sie einen beliebigen Teil Ihrer Übungdatei;
2. Drücken Sie *F2*, um diesen Teil festzuhalten;
3. Aktivieren Sie jetzt das MS-DOS-Fenster;
4. Starten Sie das Programm WRITE.EXE;
5. Drücken Sie *INS*, um den Text zu übertragen.

Der Text, den Sie im Programm NOTIZ.EXE erstellt haben, ist jetzt in das Textverarbeitungsprogramm übertragen worden. Auf die gleiche Art können Sie Daten zwischen anderen Windows-Programmen übertragen.

10.5 Blättern im Notizblock

Die bisher erstellte Übungsdatei ist so klein, daß sie ohne Probleme auf eine Bildschirmseite paßt. Wenn Sie aber einmal Texte über mehrere Bildschirmseiten im Notizblock erstellen, müssen Sie wissen, wie Sie die einzelnen Stellen erreichen.
Zunächst benötigen Sie für die nächste Übung einen entsprechend großen Text. Den können Sie sich leicht mit den vorhin erlernten Funktionen erstellen. Markieren Sie bitte den gesamten Übungstext. Verwenden Sie die KOPIEREN-Funktion des BEARBEITEN-Menüs, um den Text in der Zwischenablage abzulegen. Dann gehen Sie an das Ende des Textes und fügen den Inhalt der Zwischenablage dort ein. Anschließend gehen Sie wieder an des Ende des neuen Textes und übertragen wiederum mit EIN-FÜGEN den Übungstext.

Tastatur: 1. Öffnen Sie mit **Alt-B** das Menü BEARBEITEN;
2. Geben Sie zweimal *a* ein für ALLES MARKIEREN;
3. Drücken Sie F2 für KOPIEREN;
4. Gehen Sie mit den Mit Pfeiltasten an das Textende;
5. Drücken Sie INS (Einfügen).

Maus: 1. Bringen Sie den Mauszeiger auf BEARBEITEN;
2. Halten Sie den linken Mausknopf fest;
3. Ziehen Sie die Mauszeiger auf ALLES MARKIEREN;
4. Lassen Sie den linken Mausknopf los;
5. Öffnen Sie das BEARBEITEN-Menü;
6. Ziehen Sie die Maus auf KOPIEREN;
7. Setzen Sie den Mauszeiger an das Textende;
8. Drücken Sie einmal den linken Mausknopf;
9. Öffnen Sie das BEARBEITEN-Menü;
10. Markieren Sie den Menüpunkt EINFÜGEN;
11. Lassen Sie den linken Mausknopf los.

Damit haben Sie einen Text erstellt, der größer als eine Bildschirmseite ist und können jetzt die Möglichkeiten zum Blättern im Notizblock ausprobieren. Sie können jede Stelle im Text mit den **Pfeiltasten** und den Tasten **PgUp, PgDn, Home** und **End** erreichen.
Die Tasten **Pfeil nach oben** und **Pfeil nach unten** ermöglichen das zeilenweise durch den Text wandern. Home bringt den Cursor immer an den Anfang der aktuellen Seite. Mit End können Sie an das Ende der Zeile springen, in der Sie sich gerade befinden. Mit PgUp blättern Sie eine gesamte Seite nach oben, mit PgDn nach unten. Beachten Sie am rechten Bildschirmrand die Bildlaufleiste mit den beiden Pfeilen und dem hellen Fenster, das auf dem Balken liegt. Das helle Fenster zeigt Ihnen die relative Position, an der Sie gerade arbeiten. Wenn das Bildlauffenster genau in der Mitte des Balkens steht, dann befinden Sie sich auch in der Mitte des Textes. So wie Sie jetzt von oben nach unten und umgekehrt in Ihrem Text blättern, ist das auch horizontal möglich. Verwenden Sie die Tasten "Pfeil nach rechts" und "Pfeil nach links". Diese Möglichkeit werden Sie benötigen, wenn Sie nicht mit der ZEILENUMBRUCH-Funktion arbeiten und die einzelnen Zeilen länger als die Bildschirmbreite sind.
Wenn Sie mit der Maus arbeiten, verwenden Sie zum Blättern die Bildlaufleisten, die Sie am rechten und unteren Bildschirmrand sehen. An deren Ende befinden sich jeweils kleine Pfeile, die Ihnen die Richtung, in die Sie den Text bewegen können, angeben. Bringen Sie den Mauszeiger auf einen dieser Pfeile und drücken Sie einmal den linken Mausknopf. Entsprechend der Richtung, in die der angezeigte Pfeil zeigt, wird Ihr Text um eine Zeile nach oben oder unten bzw. um eine Spalte nach rechts oder links verschoben. Falls Sie größere Abstände beim Blättern benötigen, verwenden Sie das Bildlauffenster, das sich auf dem Balken befindet. Um z.B. an das Ende eines Textes zu gelangen, brauchen Sie nur den Mauszeiger auf das Fenster der rechten Bildlaufleiste zu setzen, den linken Mausknopf festhalten und das Fenster an das Ende des Balkens zu plazieren. Wenn Sie den Mausknopf loslassen, wird Ihr Text bis zur letzten Position durchgeblättert. Entsprechendes gilt für das Verschieben der Arbeitsfläche nach rechts oder links mit Hilfe des Fensters auf der unteren Bildlaufleiste.

10.6 Suchen von Textstellen

Im SUCHEN-Menü des Notizblocks verbergen sich zwei Funktionen, die
die Suche bestimmter Textstellen innerhalb eines Textes ermöglichen.
Versuchen Sie, das Wort "Punkt" im Übungstext zu finden.

Tastatur: 1. Öffnen Sie mit **Alt-S** das SUCHEN-Menü;
         2. Geben Sie *s* ein für SUCHEN.

Maus: 1. Bringen Sie den Mauszeiger auf das Menü SUCHEN;
        2. Ziehen Sie die Maus auf SUCHEN;
        3. Lassen Sie den linken Mausknopf los.

Nun erscheint ein Dialogfeld, in das Sie den zu suchenden Text eintragen
müssen. Schreiben Sie das Wort "Punkt" hinein und drücken Sie die **RE-
TURN**-Taste. Windows fängt jetzt an, Ihren Text nach diesem Wort zu
durchsuchen. Dabei wird von der Position aus gesucht, an der sich der
Cursor zuletzt befand. Ist das Wort gefunden, wird es markiert. Wenn
Windows Ihren Suchbegriff innerhalb des Textes nicht finden kann, wird
dies in einem gesonderten Dialogfeld angezeigt. In diesem Fall geben Sie
<RETURN> ein, um wieder in den Textmodus zurückzugelangen.
Eine weitere Option im SUCHEN-Menü ist WEITERSUCHEN. Bei dieser
Funktion wird ein Suchbegriff (den Sie bei SUCHEN in das Dialogfeld
eingetragen haben), im Rest des Textes nach dem ersten Auftreten ge-
sucht. WEITERSUCHEN ist über das SUCHEN-Menü erreichbar. Aller-
dings kommen Sie schneller zum Ziel, wenn Sie stattdessen die
Funktionstaste **F3** verwenden. Sie haben ja in einer der letzten Übungen
Ihren Text vervielfätigt, so daß das Wort "Punkt" nochmals vorhanden
sein muß. Geben Sie mehrmals **F3** für WEITERSUCHEN ein. Wenn Ihr
Suchbegriff nicht mehr zu finden ist, teilt Ihnen Windows das über das
Dialogfeld, das mit **<RETURN>** beantwortet werden muß, mit.

10.7 Arbeit mit Notiz-Dateien

10.7.1 Verfügbarer Platz im Notizblock

Der Notizblock dient der Aufnahme kurzer Texte. Er ist nicht zur Erstellung und Bearbeitung umfangreicher Dokumente gedacht. Trotzdem
dürfte die Speicherkapazität, die einer einzelnen Datei des Notizblocks zur
Verfügung steht, in den meisten Fällen für Anwendungen ausreichen.
Wenn Sie sich über die freie Kapazität der Datei informieren wollen -
die Funktion INFORMATION des SYSTEM-Menüs dient diesem Zweck.

Sie gibt Ihnen an, wieviel Prozent der augenblicklichen Arbeitsdatei noch für weitere Einträge frei sind. Wenn nur noch zehn Prozent freier Bereich übrig ist, sollten Sie die Datei abspeichern und den Rest des Dokumentes in einer zweiten Datei anlegen.

Führen Sie einmal diese Funktion aus, um festzustellen, wieviel Prozent Ihrer Arbeitsdatei noch frei sind, um weiteren Text aufzunehmen.

Tastatur: 1. Öffnen Sie mit **Alt-Leertaste** das Systemmenüfeld;
          2. Geben Sie *i* ein für INFORMATION;
          3. Drücken Sie die **RETURN**-Taste.

Maus: 1. Bringen Sie den Mauszeiger auf das Systemmenüfeld;
          2. Halten Sie den linken Mausknopf fest;
          3. Markieren Sie INFORMATION;
          4. Lassen Sie den linken Mausknopf los.

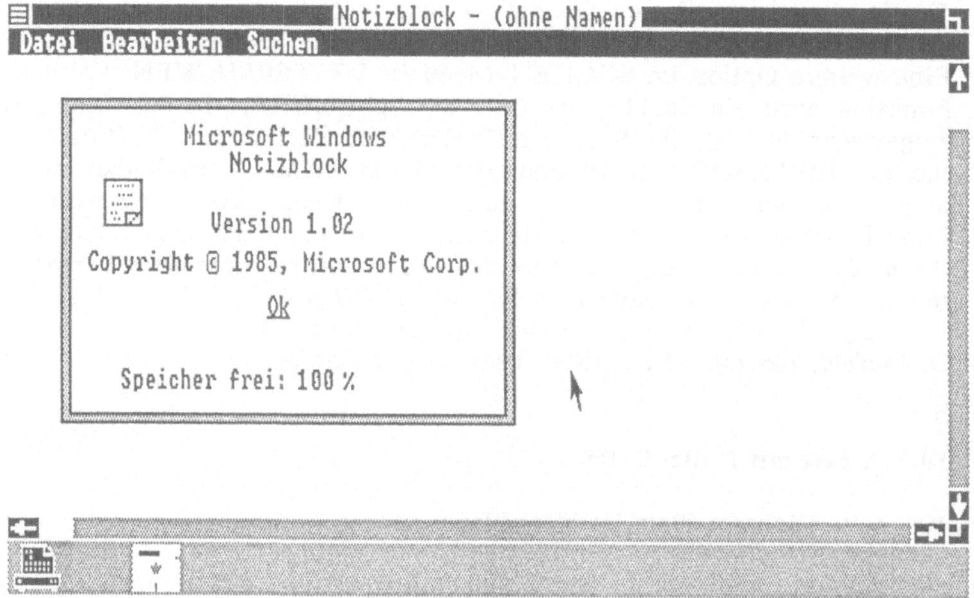

Nun erscheint auf dem Bildschirm ein Dialogfeld, das Ihnen anzeigt, wieviel Prozent der Notizblockdatei noch frei sind. Gleichzeitig wird bei INFORMATION das Symbol des Notizprogramms, ein Blatt Papier mit einem "Eselsohr" angezeigt. Geben Sie <RETURN> ein, um die Anzeige wieder zu verlassen.
Jedes Windows-Programm besitzt eine INFORMATION, die jeweils spezifische Angaben über dieses Programm macht.

10.7.2 Abspeichern von Notizblock-Dateien

Unter allen Punkten dieses Kapitels ist dieser sicherlich der wichtigste. Sie werden lernen, wie mit dem Notizblock erstellte Dateien abgespeichert werden. Die beiden Funktionen sind SPEICHERN und SPEICHERN UNTER im DATEI-Menü. SPEICHERN speichert eine bereits existierende Datei ab, während SPEICHERN UNTER für neu erstellte Dateien, die noch keinen Namen haben, verwendet wird. Mit SPEICHERN UNTER können Sie auch eine Datei, die Sie bereits früher einmal gespeichert haben unter anderem Namen ablegen. Da Sie den Übungstext noch nicht abgespeichert haben, sollten Sie das jetzt tun.

Tastatur: 1. Öffnen Sie mit Alt-D das DATEI-Menü;
           2. Geben Sie *s* ein für SPEICHERN;
           3. Drücken Sie die **RETURN**-Taste.

Maus: 1. Bringen Sie den Mauszeiger auf das Menü DATEI;
           2. Halten Sie den linken Mausknopf fest;
           3. Markieren Sie SPEICHERN;
           4. Lassen Sie den linken Mausknopf los.

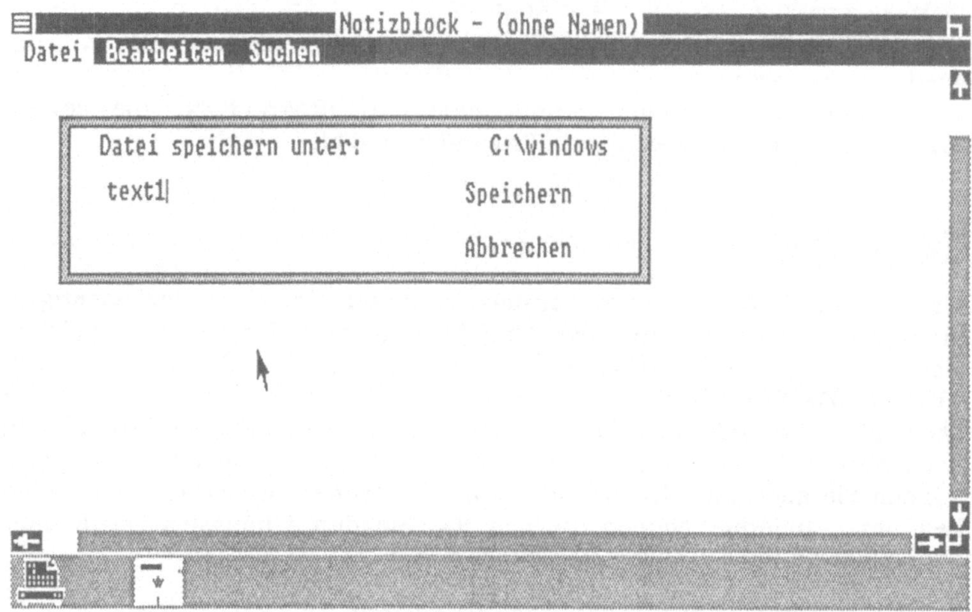

Jetzt erscheint ein Dialogfeld, in das Sie den Dateinamen eingeben
müssen, unter dem Ihr Text abgespeichert werden soll. Tragen Sie hier
Text1 ein und drücken Sie **<RETURN>**. Windows speichert Ihren Text
unter dem Namen TEXT1.DAT ab. Die Dateinamenserweiterung .DAT ist
für den Notizblock spezifisch. Alle Ihre Dateien werden mit dieser Erweiterung abgelegt. Sie wissen sofort, daß es sich um eine zum Notizblock
gehörende Datei handelt, wenn Sie diese Erweiterung sehen. Außerdem
vereinfacht die automatische Vergabe von Dateierweiterungen Windows
das Laden von Dateien. Sie werden das gleich selbst sehen.

10.7.3 Erstellen neuer Notizblock-Dateien

In der vorherigen Übung haben Sie Ihren Text abgespeichert, so daß dieser nicht mehr verlorengehen kann. Wenn Sie nun Informationen in einer anderen Datei aufnehmen wollen, müssen Sie zuerst eine neue Datei erstellen. Verwenden Sie den Befehl NEU aus dem DATEI-Menü.

Tastatur: 1. Öffnen Sie mit **Alt-D** das DATEI-Menü;
           2. Geben Sie *n* ein für NEU;
           3. Drücken Sie die **RETURN**-Taste.

Maus: 1. Bringen Sie den Mauszeiger auf DATEI;
           2. Halten Sie den linken Mausknopf fest;
           3. Markieren Sie NEU;
           4. Lassen Sie den linken Mausknopf los.

Nach dieser Befehlsfolge erscheint eine leere Arbeitsfläche im Notizblock und der Titel "ohne Namen" in der obersten Zeile. Erstellen Sie einen Text in dieser Datei und speichern Sie diesen unter dem Namen *Text2* ab.

10.7.4 Laden von Notizblock-Dateien

Der beste Notizblock nützt Ihnen nichts, wenn Sie die erstellten und abgespeicherten Texte nicht schnell wiederfinden können. Sie haben zwei Möglichkeiten, Texte wieder in den Notizblock zu laden. Wenn Sie sich im MS-DOS-Fenster befinden, starten Sie die gewünschte Datei mit der Endung .DAT. Vom Notizblock aus verwenden Sie den Befehl DATEI LADEN des DATEI-Menüs.

Tastatur: 1. Öffnen Sie mit **Alt-D** das DATEI-Menü;
           2. Geben Sie *d* ein für DATEI LADEN;
           3. Drücken Sie die **RETURN**-Taste.

Maus: 1. Bringen Sie den Mauszeiger auf DATEI;
           2. Halten Sie den linken Mausknopf fest;
           3. Markieren Sie DATEI LADEN;
           4. Lassen Sie den linken Mausknopf los.

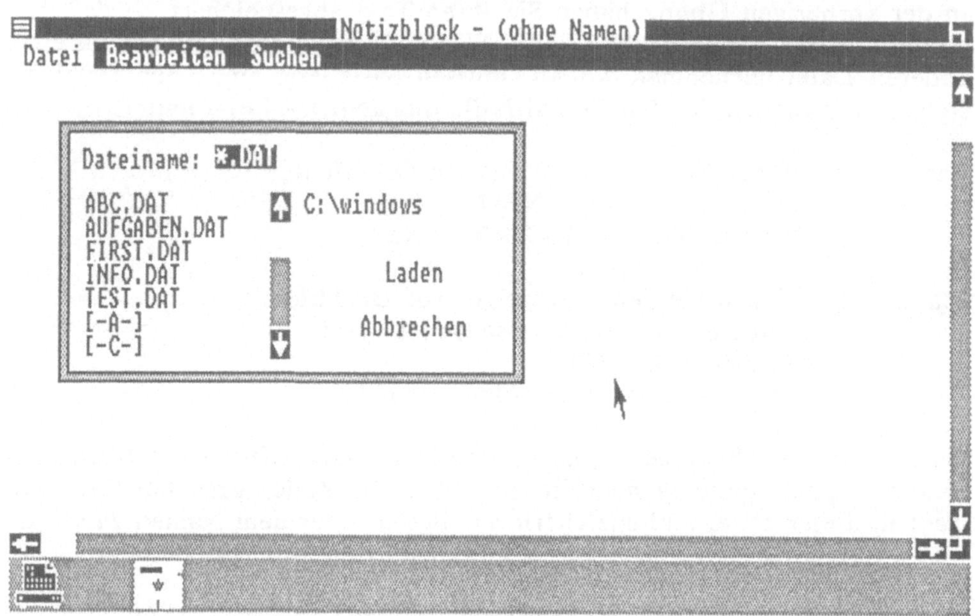

Auf dem Bildschirm erscheint das Dialogfeld LADEN, in das Sie den
Namen der zu ladenden Datei eingeben müssen. Gehen Sie zunächst
innerhalb dieses Dialogfeldes in den Dateibereich, indem Sie **TAB** eingeben oder den Mauszeiger dort positionieren und den linken Mausknopf
einmal anklicken. Wählen Sie mit den Pfeiltasten die Datei aus, die Sie laden möchten und bestätigen Sie mit <RETURN>. Falls Sie mit der Maus
arbeiten, brauchen Sie die gewünschte Datei nur zweimal anzuklicken, um
sie in den Notizblock zu laden. Versuchen Sie einmal auf diese Weise den
vorhin erstellten Text (TEXT1.DAT) wieder in den Notizblock zu holen.
Der Text erscheint auf der Arbeitsfläche und das Dialogfeld verschwindet.

Dateien können direkt aus dem MS-DOS-Fenster heraus in den Notiz-block geladen werden. Dazu müssen Sie den Namen der Datei kennen, die Sie laden wollen, diesen markieren und starten. Verlassen Sie zunächst den Notizblock und bringen Sie das MS-DOS-Fenster auf den Bildschirm. Stellen Sie dann mit dem Befehl ALLE aus dem Menü LISTE die Anzeige in diesem Fenster so ein, daß alle vorhandenen Dateien aufgelistet werden.

Tastatur: 1. Öffnen Sie mit **Alt-L** das LISTE-Menü;
         2. Geben Sie *a* ein für ALLE;
         3. Drücken Sie die **RETURN**-Taste.

Maus: 1. Bringen Sie den Mauszeiger auf LISTE;
         2. Halten Sie den linken Mausknopf fest;
         3. Markieren Sie ALLE;
         4. Lassen Sie den linken Mausknopf los.

Suchen Sie auf der Arbeitsfläche die Datei TEXT2.DAT und starten Sie diese.

Tastatur: Markieren Sie mit den Pfeiltasten TEXT2.DAT und drücken Sie die **RETURN**-Taste.

Maus: Bringen Sie den Mauszeiger auf die Datei TEXT2.DAT und bestätigen Sie mit einem Doppelklicken des linken Maus-zeigers.

Anhand des Dateiergänzungsnamens .DAT erkennt Windows, daß es sich bei der ausgesuchten Datei um eine Notizblock-Datei handelt. Daher wird zunächst automatisch das Programm NOTIZ.EXE gestartet und erst dann die Datei TEXT2.DAT geladen.
Wie Sie Dateien laden, hängt hauptsächlich davon ab, wo Sie sich inner-halb des Windows-Systems befinden. Fall Sie noch keinen Notizblock ge-startet haben, ist die zweite Methode sicherlich effizienter, da Sie einen Arbeitsgang sparen. Wenn Sie das Notizprogramm jedoch bereits in einem Fenster oder als Sinnbild vorliegen haben, sollten Sie die Methode der Dateiauswahl über das Dialogfeld LADEN des Programms benutzen.

10.7.5 Drucken von Notizblock-Dateien

Um Notizen ausdrucken zu lassen, brauchen Sie die entsprechende Datei nur zu laden und mit dem Befehl DRUCKEN des DATEI-Menüs an den Drucker zu schicken. Drucken Sie die Datei TEXT1.DAT aus.

Tastatur: 1. Öffnen Sie mit **Alt-D** das DATEI-Menü;
          2. Geben Sie zweimal *d* ein für DRUCKEN;
          3. Drücken Sie die **RETURN**-Taste.

Maus: 1. Bringen Sie den Mauszeiger auf DATEI;
          2. Halten Sie den linken Mausknopf fest;
          3. Markieren Sie DRUCKEN;
          4. Lassen Sie den linken Mausknopf los.

Im Fenster des Notizblocks erscheint der Druckerspooler. Falls Sie die Datei doch nicht drucken lassen wollen, können Sie in diesem Fenster die Schaltfläche ABBRECHEN wählen, um den Vorgang abzubrechen. Andernfalls wird Ihr Text in den Spooler aufgenommen und von dort zum Drucker geschickt.

10.8 Protokollieren Ihrer Notiz-Dateien

Zum Abschluß noch eine Eigenschaft des Notiz-Programms. Wenn Sie in die erste Zeile einer Notiz-Datei den Befehl .LOG (in Großbuchstaben!) einsetzen, wird jedesmal, wenn Sie diese Datei laden, die aktuelle Zeit und das aktuelle Datum an das Ende des Textes angehängt. Sie erhalten einen Überblick, zu welchem Zeitpunkt Sie Ihre Notizen aufgenommen haben. Gehen Sie in der aktiven Datei in die erste Zeile und drücken einmal **<RETURN>**, um diese zu leeren. Tragen Sie *.LOG* in die Zeile ein und speichern Sie die Datei erneut ab. Wenn Sie die gleiche Datei jetzt wieder laden, wird ein Zeitvermerk an das Textende geschrieben.
Zusätzlich haben Sie die Möglichkeit, an jeder beliebigen Textstelle mit Hilfe der Funktion UHRZEIT/DATUM des BEARBEITEN-Menüs die aktuelle Zeit und das Datum eintragen zu lassen. Probieren Sie auch das einmal aus.

Tastatur: 1. Öffnen Sie mit **Alt-B** das BEARBEITEN-Menü;
           2. Geben Sie *u* ein für UHRZEIT/DATUM;
           3. Drücken Sie die **RETURN**-Taste.

Maus: 1. Bringen Sie den Mauszeiger auf BEARBEITEN;
           2. Halten Sie den linken Mausknopf fest;
           3. Markieren Sie UHRZEIT/DATUM;
           4. Lassen Sie den linken Mausknopf los.

Komfortabler können Sie den letzten Befehl unter Verwendung der Abkürzung **F5** für Funktionstaste 5 ausführen.

11 Der Spooler

Der Spooler ist ein Programm, das die Kommunikation zwischen Windows-Programmen und dem Drucker übernimmt. Druckaufträge werden vom jeweiligen Anwenderprogramm an den Spooler geleitet, der im Hintergrund arbeitet, während Sie auf Ihrem Computer etwas anderes tun können.

11.1 Funktionsübersicht

SYSTEM: siehe Kapitel 5.

PRIORITÄT

GERING   : Setzt die Druchgeschwindigkeit herunter;
HOCH   : Setzt die Druckgeschwindigkeit hoch.

STEUERUNG

ANHALTEN   : Unterbricht den augenblicklichen Druckvorgang;
WEITERMACHEN : Setzt unterbrochenen Druck fort;
BEENDEN   : Bricht Druckvorgang ab.

11.2 Aufrufen des Druckerspoolers

Der Druckerspooler wird automatisch von jedem Windows-Programm, das eine Druckausgabe macht, gestartet. Nur wenn Sie sich darüber informieren wollen welche Dateien gerade gedruckt werden, oder wenn Sie in den Druckvorgang eingreifen wollen, müssen Sie den Spooler aufrufen. Das geht folgendermaßen:

Markieren Sie im MS-DOS-Fenster die Datei SPOOLER.EXE und starten Sie diese.

Tastatur: Markieren Sie mit den Pfeiltasten SPOOLER.EXE und drücken Sie dann <RETURN>.

Maus: Bringen Sie den Mauszeiger auf die Datei SPOOLER.EXE und starten Sie das Programm mit einem Doppelklicken des linken Mauszeigers.

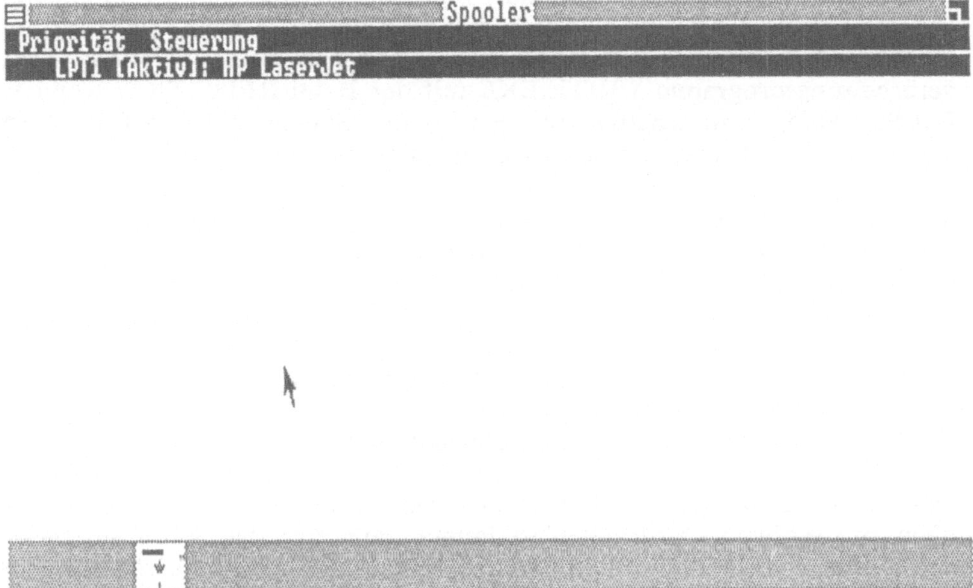

Nach diesen Kommandos erscheint das Fenster des Druckerspoolers auf dem Bildschirm. Es zeigt den Inhalt der Spoolerdatei. Im Moment ist die Arbeitsfläche dieses Fensters leer, da keine Druckaufträge vorliegen. Wie die anderen Windows-Programme verfügt der Spooler über die Titel-, Menü- und Sinnbildleiste. Im Arbeitsbereich werden die anstehenden Druckaufträge gelistet. In der ersten Zeile der Arbeitsfläche können Sie erkennen, welchen Drucker der Spooler anspricht. Hier finden Sie die Bezeichnung der Schnittstelle (z.B. LPT1) und den Namen des installierten Druckers.

11.3 Drucksteuerung mit dem Spooler

Drucken Sie nun eine Datei, damit Sie die verschiedenen Möglichkeiten der Drucksteuerung einmal ausprobieren können. Wählen Sie für diese Übung einen Text aus dem Notizblock oder benutzen Sie das Textverarbeitungsprogramm WRITE.EXE mit der Datei REISE.TXT. Wenn Ihr Drucker anfängt zu arbeiten, bringen Sie den Spooler auf den Bildschirm. Versuchen Sie als erstes, den Druck zu unterbrechen.

Tastatur: 1. Öffnen Sie mit **Alt-S** das Menü STEUERUNG;
2. Geben Sie *a* ein für ANHALTEN;
3. Drücken Sie die **RETURN**-Taste.

Maus: 1. Bringen Sie den Mauszeiger auf STEUERUNG;
2. Halten Sie den linken Mausknopf fest;
3. Markieren Sie ANHALTEN;
4. Lassen Sie den linken Mausknopf los.

Mit diesem Kommando unterbrechen Sie den Druckvorgang. Unterbrechen und später weiterdrucken ist immer dann sinnvoll, wenn Sie gleichzeitig intensiv an Ihrem Computer arbeiten und keine Verzögerung der Arbeitsgeschwindigkeit durch den Druck in Kauf nehmen wollen. Auf ähnliche Weise können Sie dem Spooler auch eine Priorität geben. Wenn Sie diese hoch ansetzen, wird ein großer Teil der Rechenleistung für den Ausdruck zur Verfügung gestellt und Anwenderprogramme laufen etwas langsamer. Den umgekehrten Effekt erzielen Sie, indem die Dateien des Spoolers eine niedrige Priorität erhalten. Das Einstellen von Prioritäten können Sie im Menü PRIORITÄT vornehmen.

Tastatur: 1. Öffnen Sie mit **Alt-P** das Menü PRIORITÄT;
2. Geben Sie *g* ein für GERING;
3. Drücken Sie die **RETURN**-Taste.

Maus: 1. Bringen Sie den Mauszeiger auf PRIORITÄT;
2. Halten Sie den linken Mausknopf fest;
3. Markieren Sie GERING;
4. Lassen Sie den linken Mausknopf los.

Die augenblickliche Einstellung der Priorität wird mit einem Häkchen gekennzeichnet. Lassen Sie den Druck, den Sie vorhin gestartet haben, jetzt weiterlaufen. Wählen Sie den Befehl WEITERMACHEN aus dem Menü STEUERUNG.

Tastatur: 1. Öffnen Sie mit **Alt-S** das Menü STEUERUNG;
        2. Geben Sie *w* ein für WEITERMACHEN;
        3. Drücken Sie die **RETURN**-Taste.

Maus: 1. Bringen Sie den Mauszeiger auf STEUERUNG;
        2. Halten Sie den linken Mausknopf fest;
        3. Markieren Sie WEITERMACHEN;
        4. Lassen Sie den linken Mausknopf los.

Wollen Sie einen Ausdruck abbrechen, steht Ihnen im Menü STEUE-
RUNG noch die Option BEENDEN zur Verfügung.

11.4 Spooler im Notfall

Trotz ausgereifter Druckertechnologie treten manchmal Schwierigkeiten
auf. So kommt es vor, daß sich das Papier mehrfach um die Walze
wickelt, wenn es nicht richtig eingelegt wurde, oder daß bei kom-
fortableren Modellen Briefbögen bereits umschlaggerecht gefaltet werden
bevor sie bedruckt wurden. In solchen Fällen sollten Sie die Option
BEENDEN wählen und nicht den Drucker ausschalten. Das Ein- und
Ausschalten eines Druckers, der mit einem laufenden Computer verbunden ist, kann den Computer beschädigen.

12 Das Terminalprogramm

Ein Anwenderprogramm des Windows-Systems ist TERMINAL.EXE. Mit
diesem Programm können Sie verschiedene Bildschirmterminals emulieren
und Ihren Computer über Modem, Akustikkoppler oder direkt mit einem
anderen System verbinden.

12.1 Funktionsübersicht

SYSTEM: siehe Kapitel 5.

DATEI

NEU	: Neue Terminaldatei erstellen;
DATEI LADEN	: Terminaldatei laden;
SPEICHERN	: Terminaldatei speichern;
SPEICHERN UNTER	: Terminaldatei unter neuen Namen speichern.

BEARBEITEN

KOPIEREN	: Markierten Text in Zwischenablage bringen;
EINFÜGEN	: Text aus Zwischenablage einfügen.

STEUERUNG

VERBINDEN	: Automatisches Wählsystem zu anderem Computer;
DRUCKEN	: Terminalsitzung auf Drucker protokollieren;
SOFORT ABSPEICHERN	: Terminalsitzung in Datei protokollieren;
PAUSE	: Anhalten der Bildschirmausgabe;
UNTERBRECHUNG	: Abbruch eines Programms oder Verbindung.

EINSTELLUNG

TERMINAL	: Parameter für Terminalemulation setzen;
DATENÜBERTRAGUNG	: Parameter für Kommunikationsschnittstelle;
TELEFON	: Parameter für Wählsystem.

Abkürzungen:

^F2   : Kopieren;
^F3   : Verbinden;
^F4   : Drucken;
^F5   : Sofort Abspeichern;
^F6   : Pause;
^F7   : Unterbrechung.

Das Zeichen ^ bedeutet bei diesen Abkürzungen, daß Sie die Taste
Control drücken müssen und dann die nachfolgende Funktionstaste.

12.2 Starten des Terminalprogramms

Markieren Sie im MS-DOS-Fenster die Datei TERMINAL.EXE und starten Sie diese.

Tastatur: Markieren Sie mit den Pfeiltasten TERMINAL.EXE und
          drücken Sie **RETURN**.

Maus: Bringen Sie den Mauszeiger auf die Datei TERMINAL.EXE
          und starten Sie das Programm mit einem Doppelklicken des lin-
          ken Mauszeigers.

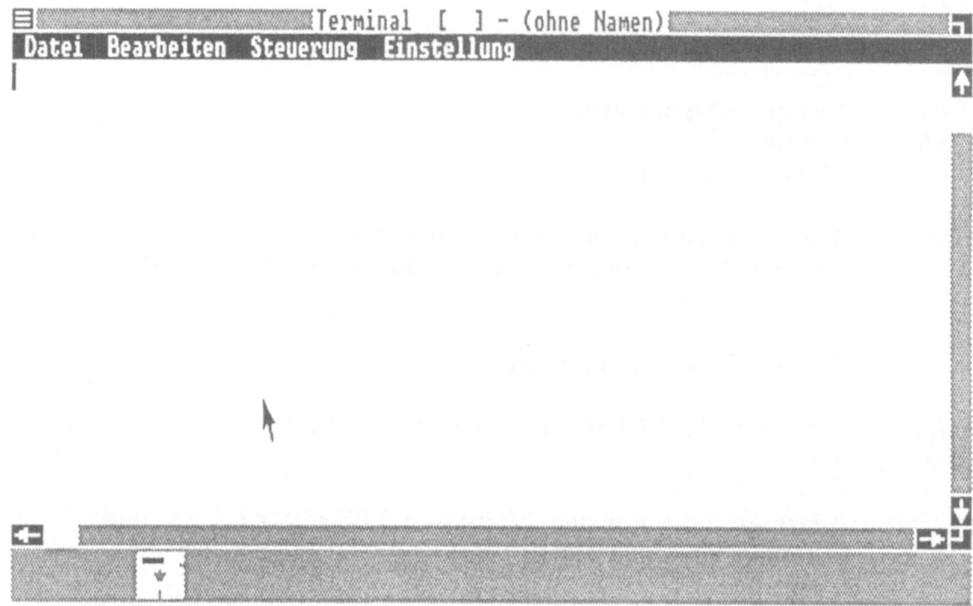

Nachdem Sie das Terminalprogramm gestartet haben, würden Sie jetzt eine Datei aufrufen, die alle notwendigen Parameter enthält, um sich zu einem anderen Computer durchschalten können. An dieser Stelle sei noch einmal darauf hingewiesen, daß Ihnen dieses Windows-Programm nur nützlich sein kann, wenn Sie ein Modem oder einen Akustikkoppler besitzen oder eine Direktleitung zu einem anderen Computer haben. Falls Sie keine dieser Möglichkeiten haben, überspringen Sie dieses Kapitel. Andernfalls müssen Sie sich um die korrekte Erstellung einer Datei bemühen, die alle notwendigen Parameter enthält.

12.3 Erstellen einer Parameterdatei

In den meisten Fällen brauchen Sie für die Verbindungen zu verschiedenen Computern genau auf den jeweiligen Computer zugeschnittene Parameter. Die Angaben über diese Parameter bekommen Sie immer vom Betreiber des jeweiligen Systems. Wenn Sie die notwendigen Informationen haben, können Sie entsprechende Dateien für die Kommunikation erstellen. Alle wichtigen Dinge finden Sie im Menü EINSTELLUNG. Die Optionen sind: TERMINAL, DATENÜBERTRAGUNG und TELEFON. Zu den einzelnen Punkten erscheinen Dialogfelder, die Sie ausfüllen und mit der Schaltfläche OK bestätigen. Öffnen Sie nun das Menü EINSTELLUNG und wählen die Option TERMINAL.

Tastatur: 1. Öffnen Sie mit **Alt-E** das Menü EINSTELLUNG;
         2. Geben Sie *t* ein für TERMINAL;
         3. Drücken Sie die **RETURN**-Taste.

Maus: 1. Bringen Sie den Mauszeiger auf EINSTELLUNG;
         2. Halten Sie den linken Mausknopf fest;
         3. Markieren Sie TERMINAL;
         4. Lassen Sie den linken Mausknopf los.

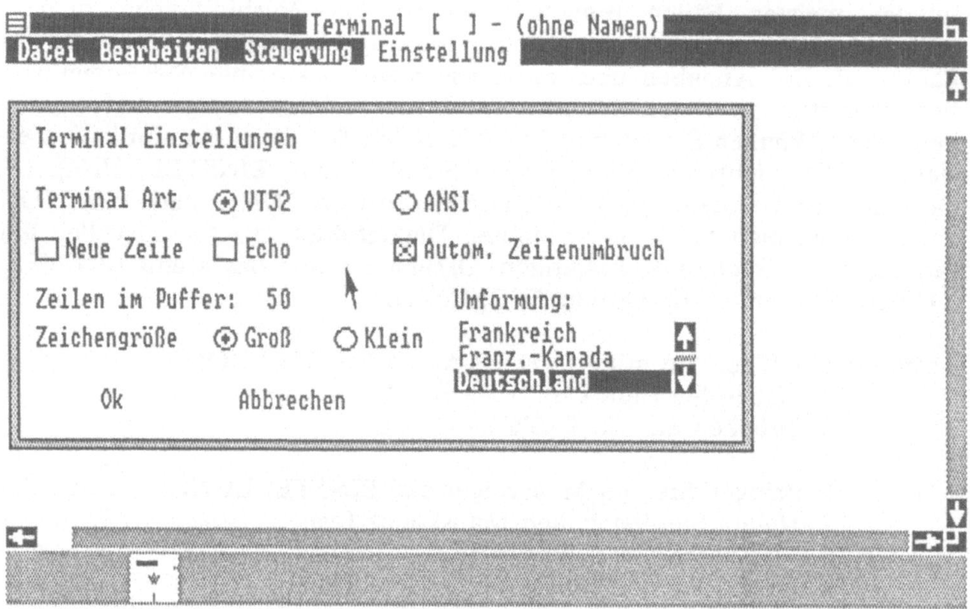

An dieser Stelle erscheint ein Dialogfeld, in das Sie die für Sie zutreffenden Informationen eintragen müssen. Die einzelnen Punkte haben folgenden Bedeutung:

Terminal Art: Wählen Sie hier VT52 oder ANSI, je nachdem welche Informationen Sie von dem Betreiber des Systems bekommen haben, zu dem Sie eine Verbindung aufbauen wollen.

Neue Zeile: Sollte sich während der Arbeit am anderen Computer herausstellen, daß sich die Einfügemarke am Zeilenende zwar in die nächste Zeile, aber nicht an deren Anfang bewegt, so müssen Sie dieses Feld ankreuzen.

Echo: Die Option Echo müssen Sie einschalten, falls der Computer, mit dem Sie verbunden sind Daten im Halbduplexbetrieb übermittelt, weil Sie sonst Ihre Eingaben nicht auf dem Bildschirm sehen. Sobald der entfernte Computer mit Vollduplex überträgt können Sie das lokale Echo auf Ihrem Rechner ausschalten.

Automatischer Zeilenumbruch: Bei eingeschalteter Option wird automatisch nach dem achzigsten Zeichen einer Zeile ein Zeilenumbruch ausgeführt. Das bedeutet, daß die Einfügemarke automatisch nach dem achzigsten Zeichen einer Zeile an den Anfang der nachfolgenden Zeile springt.

Zeilen im Puffer: Diese Option gibt an, wieviele Zeilen während der Datenübertragung im Puffer des Computers gespeichert werden. Eine generelle Empfehlung kann nicht gegeben werden. Versuchen Sie verschiedene Zahlenwerte, um die für Sie optimale Verarbeitungsgeschwindigkeit herauszufinden.

Zeichengröße: Die Option GROSS entspricht der normalen Zeichengröße, wie sie in allen Windows-Programmen verwendet wird. Wenn Sie mehr Information auf dem Bildschirm sehen wollen, können Sie hier KLEIN angeben.

Umformung: In diesem Dialogfeld können Sie länderspezifische Zeichensätze auswählen.

Der nächste Punkt im Menü EINSTELLUNG ist DATENÜBERTRAGUNG. Hier müssen Sie mit der Installation der Parameter fortfahren.

Tastatur: 1. Öffnen Sie mit **Alt-E** das Menü EINSTELLUNG;
         2. Geben Sie *d* ein für DATENÜBERTRAGUNG;
         3. Drücken Sie die **RETURN**-Taste.

Maus: 1. Bringen Sie den Mauszeiger auf EINSTELLUNG;
        2. Halten Sie den linken Mausknopf fest;
        3. Markieren Sie DATENÜBERTRAGUNG;
        4. Lassen Sie den linken Mausknopf los.

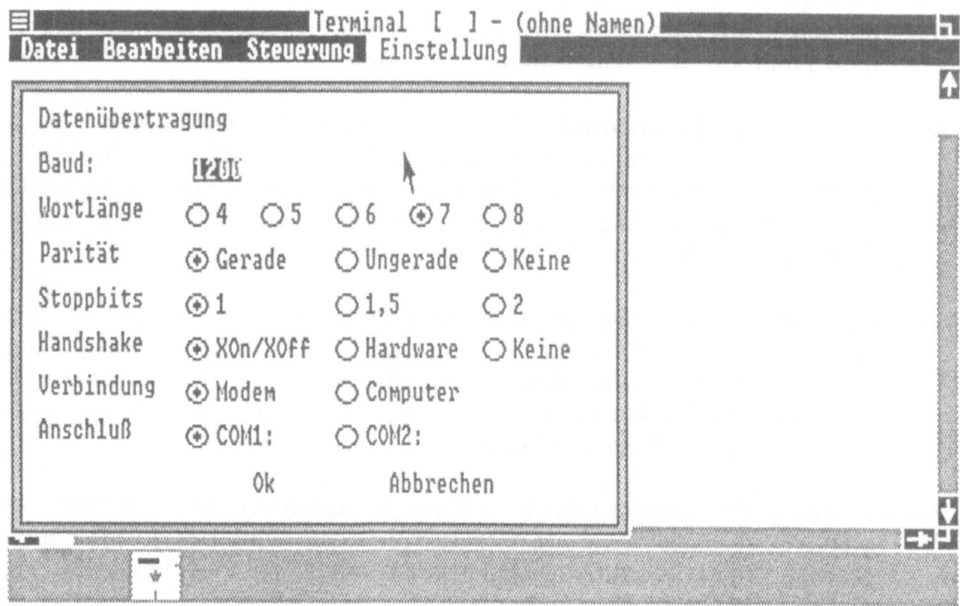

In das jetzt erscheinende Dialogfeld tragen Sie eine Reihe von Informationen ein, die Ihr Datenübertragungsgerät (Modem, Koppler) und die dafür benutzte Schnittstelle betreffen.

Baud: Die Baud-Rate ist die Geschwindigkeit, mit der Daten von Ihrem Computer zu einem anderen Gerät übertragen werden. Sie wird in Bit pro Sekunde gemessen. Die gängigsten Einstellungen sind 300 für Akustikkoppler und 1200 für Modems. Sie sollten hier 9600 eintragen, wenn Sie direkt mit einem anderen Computer verbunden sind. Wenn Sie sich sicher sind, daß Sie alle anderen Parameter richtig gesetzt haben und trotzdem keine vernünftigen Übertragungsergebnisse bekommen, variieren Sie die Übertragungsgeschwindigkeit.

Wortlänge, Parität, Stopbits, Handshake: Diese Angaben betreffen die Art und Weise, wie Daten übertragen werden. Für diesen Punkt brauchen Sie genaue Angaben vom Betreiber des Systems, mit dem Sie in Verbindung treten wollen. In vielen Fällen wird mit Wortlänge 7, Parität gerade (engl. even) und Stopbits 1 gearbeitet. Das Handshake ist dafür verantwortlich, daß die beiden in Verbindung stehenden Computer bei der Datenübertragung die gegenseitige Reaktion abwarten. So darf z.B. Computer 1 erst Daten senden, wenn Computer 2 auf Empfang steht und umgekehrt. Wählen Sie hier XON/XOFF.

Verbindung: In dieser Zeile geben Sie an, ob Sie sich per Modem oder direkt von Computer zu Computer durchschalten wollen. Akustikkopplerbenutzer sollten hier Modem angeben.

Anschluß: Windows muß wissen, über welche Schnittstelle die Kommunikation abläuft. Wenn Sie nur eine serielle Schnittstelle haben, dann wählen Sie COM1. Sollten Sie noch ein anderes serielles Gerät an Ihrem Computer angeschlossen haben (die meisten Drucker sind parallel), wählen Sie COM2.

Wenn Sie ein Autodial-Modem besitzen, können Sie im nächsten Menüpunkt die Nummer der Verbindung eintragen. Rufen Sie dazu die Option TELEFON des Menüs EINSTELLUNG auf. Andernfalls können Sie diesen Punkt überspringen.

Tastatur: 1. Öffnen Sie mit **Alt-E** das Menü EINSTELLUNG;
    2. Geben Sie zweimal *t* ein für TELEFON;
    3. Drücken Sie die **RETURN**-Taste.

Maus: 1. Bringen Sie den Mauszeiger auf EINSTELLUNG;
    2. Halten Sie den linken Mausknopf fest;
    3. Markieren Sie TELEFON;
    4. Lassen Sie den linken Mausknopf los.

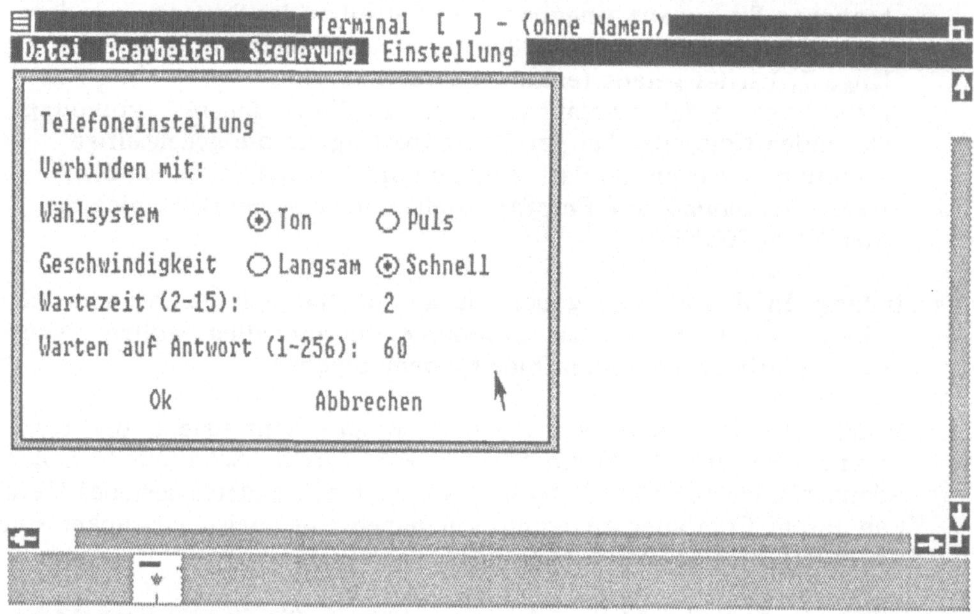

Füllen Sie die folgenden Felder des Dialogfeldes aus.

Verbinden mit: Tragen Sie hier die Telefonnummer des Systems ein, das
Sie anwählen wollen.

Wählsystem: Bei den Wählsystemen wird zwischen Ton und Puls unterschieden. Sehen Sie bitte in den Unterlagen zu Ihrem Modem nach,
wie dieses arbeitet.

Geschwindigkeit: Hier können Sie zwischen langsamen und schnellem
Wählen entscheiden. Probieren Sie aus, welche Geschwindigkeit sich
für Ihre Verbindung eignet.

Wartezeit: Die Wartezeit gibt an, wie lange das Terminalprogramm auf eine Verbindung wartet, bevor es selbst auflegt. Geben Sie die Zeit in Sekunden an, die Ihnen sinnvoll erscheint.

Warten auf Antwort: Hier können Sie angeben, wielange das Terminalprogramm warten soll, bis sich der andere Computer meldet.

12.4 Arbeiten mit Terminaldateien

Nach der Installation müssen Sie die neuen Parameter in einer Datei abspeichern. Das erreichen Sie mit dem Befehl SPEICHERN im Menü DATEI.

Tastatur: 1. Öffnen Sie mit **Alt D** das DATEI-Menü;
           2. Geben Sie *s* ein für SPEICHERN;
           3. Drücken Sie die **RETURN**-Taste.

Maus: 1. Bringen Sie den Mauszeiger auf DATEI;
           2. Halten Sie den linken Mausknopf fest;
           3. Markieren Sie SPEICHERN;
           4. Lassen Sie den linken Mausknopf los.

Ein Dialogfeld erscheint, in das Sie den Dateinamen eintragen müssen, unter dem die Paratemer für diese Verbindung speichert werden sollen. Wählen Sie hierfür einen Namen, der eine sinnvolle Verbindung zu dem Namen des Systems hat, für das Sie diese Parameter erstellt haben. Tragen Sie einen Namen in das Dialogfeld ein und betätigen Sie die **RETURN**-Taste. Die Parameter werden unter dem angegebenen Namen gespeichert und können jederzeit wieder aufgerufen werden. Wenn Sie eine bereits bestehende Datei unter neuem Namen abspeichern wollen, können Sie das mit der Option SPEICHERN UNTER, erreichen.

12.5 Kommunikation mit anderen Computern

Wenn Sie sich zu einem anderen Computer durchschalten wollen, finden Sie die notwendigen Befehle im Menü STEUERUNG. Bauen Sie zunächst eine Verbindung auf.

Tastatur: 1. Öffnen Sie mit **Alt-S** das STEUERUNG-Menü;
          2. Geben Sie *v* ein für VERBINDUNG;
          3. Drücken Sie die **RETURN**-Taste.

Maus: 1. Bringen Sie den Mauszeiger auf STEUERUNG;
          2. Halten Sie den linken Mausknopf fest;
          3. Markieren Sie VERBINDUNG;
          4. Lassen Sie den linken Mausknopf los.

Warten Sie jetzt, bis die Verbindung zustande gekommen ist. Die gleiche
Befehlsfolge wählen Sie auch, um die Verbindung wieder zu unterbrechen. Welche Punkte des Menüs STEUERUNG im Moment aktiv sind,
können Sie immer daran erkennen, daß die aktiven Optionen "abgehakt"
sind.
Zwei Befehle gestatten es Ihnen, eine Sitzung am Terminal mitzu-
schneiden. Das ist besonders wichtig, wenn Sie mit einem Computer-
system in Verbindung treten, dessen Abfragesprache für Sie neu ist. Sie
können mit Hilfe dieser Befehle Ihr Vorgehen protokollieren und vermeiden Bedienerfehler bei der nächsten Verbindung. Wenn Sie eine
Terminalsitzung protokollieren wollen, können Sie das sowohl auf dem
Drucker tun, als auch die Daten in einer Datei sammeln. Versuchen Sie
das einmal. Lassen Sie zunächst den Drucker mitprotokollieren.

Tastatur: 1. Öffnen Sie mit **Alt-S** das STEUERUNG-Menü;
          2. Geben Sie *d* ein für DRUCKEN;
          3. Drücken Sie die **RETURN**-Taste.

Maus: 1. Bringen Sie den Mauszeiger auf STEUERUNG;
          2. Halten Sie den linken Mausknopf fest;
          3. Markieren Sie DRUCKEN;
          4. Lassen Sie den linken Mausknopf los.

Schneller als das "Mitschneiden" auf dem Drucker ist es, Daten in eine
Datei zuschreiben.

Tastatur: 1. Öffnen Sie mit **Alt-S** das STEUERUNG-Menü;
          2. Geben Sie *s* ein für SOFORT ABSPEICHERN;
          3. Drücken Sie die **RETURN**-taste.

Maus: 1. Bringen Sie den Mauszeiger auf STEUERUNG;
          2. Halten Sie den linken Mausknopf fest;
          3. Markieren Sie SOFORT ABSPEICHERN;
          4. Lassen Sie den linken Mausknopf los.

Windows fragt Sie nach dem Dateinamen. Geben Sie einen Dateinamen
ein und drücken Sie dann <RETURN>.
Zwei weitere Befehle machen die Arbeit mit dem Terminalprogramm sehr
komfortabel. Wenn Sie während Ihrer Arbeit lange Listen auf dem Bildschirm anzeigen lassen, können Sie mit der Option PAUSE diese Ausgabe
anhalten und mit dem gleichen Befehl wieder fortsetzen. Um eine Ausgabe zu unterbrechen, haben Sie die Möglichkeit mit dem Befehl
STEUERUNG UNTERBRECHEN zu arbeiten.
Je schneller Sie Ihr eigenes System bedienen können, desto geringer werden Ihre Kosten sein. Aus diesem Grund sollten Sie sich unbedingt mit
den unter 12.1 genannten Abkürzungen für die einzelnen Befehle vertraut
machen.
Ferner steht Ihnen zum Datenaustausch mit einem anderen System auch
im Terminalprogramm die Zwischenablage des Windows-Systems zur
Verfügung.

13 Das Windows-Textprogramm WRITE.

WRITE.EXE ist das Textverarbeitungsprogramm des Windows-Systems.
Im Gegensatz zu anderen Textprogrammen, bietet es die Möglichkeit,
Grafik in den Text zu integrieren.

13.1 Funktionsübersicht

System : siehe Kapitel 5.

DATEI

NEU	: Erstellt neue Arbeitsdatei;
DATEI LADEN	: Öffnet eine vorhandene Arbeitsdatei;
SPEICHERN	: Speichert eine vorhandene Datei ab;
DRUCKEN	: Druckt Arbeitsdatei aus;
DRUCKER WECHSELN	: Wählt anderen Drucker aus;
SEITENUMBRUCH	: Paginiert Text.

BEARBEITEN

RÜCKGÄNGIG	: Macht letzte Handlung rückgängig;
AUSSCHNEIDEN	: Kopiert Bereich in Ablage, mit Löschen;
KOPIEREN	: Kopiert markierten Bereich in die Ablage;
EINFÜGEN	: Kopiert Ablageinhalt an Cursorposition;
ABBILDUNG VERSCHIEBEN	: Setzt Grafik an eine andere Stelle;
ABBILDUNGSGRÖSSE	: Verändert die Größe einer Grafik.

SUCHEN

SUCHEN	: Sucht einen Begriff in der Arbeitsdatei;
SUCHE WIEDERHOLEN	: Suche wiederholen;
ÄNDERN	: Suchen und Ersetzen eines Begriffs;
GEHE ZU SEITE	: Anwählen einer Bildschirmseite.

ZEICHEN

STANDARD   : Voreingestellte Zeichenformatierung;
FETTDRUCK   : Zeichen in Fettdruck;
KURSIV   : Zeichen kursiv;
UNTERSTREICHEN   : Zeichen unterstrichen;
HOCHGESTELLT   : Zeichen hochgestellt;
TIEFGESTELLT   : Zeichen tiefgestellt;
SCHRIFTARTNAMEN   : Liste verfügbarer Schriftarten;
SCHRIFT VERKLEINERN   : Schriftgrad um eine Stufe verkleinern;
SCHRIFT VERGRÖSSERN   : Schriftgrad um eine Stufe vergrößern;
SCHRIFTARTEN   : Verfügbare Schriftarten des Druckers.

ABSATZ

STANDARD   : Standardformatierung für Absätze;
LINKSBÜNDIG   : Absatz linksbündig darstellen;
RECHTSBÜNDIG   : Absatz rechtsbündig darstellen;
ZENTRIERT   : Absatz zentriert darstellen;
BLOCKSATZ   : Absatz im Blocksatz darstellen;
EINZEILIG   : Zeilenabstand einzeilig;
1,5-ZEILIG   : Zeilenabstand 1,5-zeilig;
ZWEIZEILIG   : Zeilenabstand zweizeilig;
EINZUG   : Einrücken von Zeilen.

TEXT

KOPFZEILE   : Einfügen einer Kopfzeile;
FUSSZEILE   : Einfügen einer Fußzeile;
LINEAL JA   : Ein- und Ausschalten des Lineals;
TABSTOPS   : Setzen und Löschen von Tabstops;
LAYOUT   : Randbreiten und Anfangsseite beim
                                Druck.

Abkürzungen:

Umsh/ESC	: Rückgängig;
DEL	: Ausschneiden;
F2	: Kopieren;
INS	: Einfügen;
F3	: Suche wiederholen;
F4	: Gehe zu Seite;
F5	: Zeichen standard;
F6	: Zeichen fett;
F7	: Zeichen kursiv;
F8	: Zeichen unterstrichen;
F9	: Schrift verkleinern;
F10	: Schrift vergrößern.

13.2 Starten des Textprogramms

Stellen Sie sicher, daß Sie sich im MS-DOS-Fenster befinden, und
markieren Sie die Datei WRITE.EXE.

Tastatur: Markieren Sie mit den Pfeiltasten WRITE.EXE und betätigen Sie
die **RETURN**-Taste.

Maus: Bringen Sie den Mauszeiger auf die Datei WRITE.EXE und
starten Sie das Programm mit einem Doppelklicken des linken
Mauszeigers.

Auf dem Bildschirm erscheint eine leere Seite. Sie können sofort einen
Text eintragen. Vergleichen Sie bitte Ihre Bildschirmausgabe mit der folgenden Abbildung.

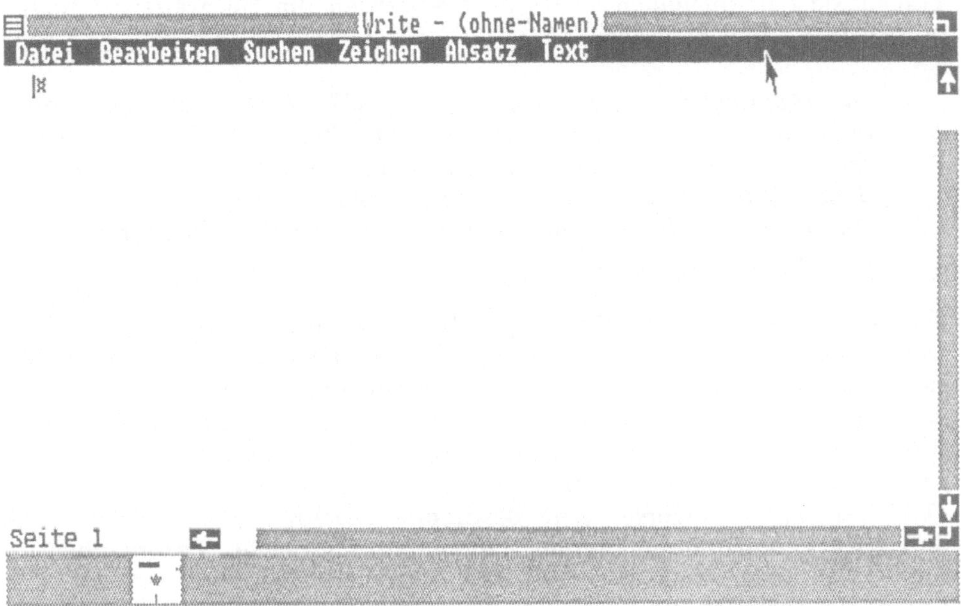

Über der Arbeitsfläche sehen Sie die Titel- und die Menüleiste. Ihr Arbeitsblatt hat im Moment noch keinen Titel. Sobald Sie Ihrer Arbeitsdatei einen Namen gegeben haben, wird dieser in der Titelleiste angezeigt. Die Menüleiste zeigt die Menüs DATEI, BEARBEITEN, SUCHEN, ZEICHEN, ABSATZ und TEXT. Am unteren Bildschirmrand befindet sich der Sinnbildbereich. An der rechten Bildschirmseite und am unteren Rand der Arbeitsfläche sehen Sie jeweils eine Bildlaufleiste, die zwei Pfeile und ein kleines Fenster enthält. Diese dienen dem Blättern in größeren Texten.

13.3 Texteingabe und Formatierung

Tragen Sie den folgenden Text ein. Sie werden ihn für weitere Übungen in diesem Kapitel benötigen.

Die Möglichkeiten des Programms WRITE.EXE entsprechen denen anderen Texverarbeitungssysteme. Eine Besonderheit ist allerdings die Integration von Text und Grafik. Ferner kann zwischen verschiedenen Schriftarten und Größen ausgewählt werden.
An dieser Stelle werden zunächst einfache Befehle zur Textformatierung besprochen.

Damit Sie den Text wie oben angegeben, formatieren können, haben Sie verschiedene Möglichkeiten. Eine neue Zeile erreichen Sie mit **RETURN**, Leerzeichen fügen Sie mit der Leertaste ein und mit der Rückschritttaste können Sie zurück gehen. Geben Sie die Textformatierung so ein, wie es Ihren Vorstellungen entspricht. Damit Sie bestimmte Stellen im Text schnell erreichen können, steht die Taste TAB zur Verfügung. Bei jedem "TAB" springt der Cursor eine bestimmte Distanz weiter. Beachten Sie, daß WRITE einen automatischen Zeilenumbruch macht. Sie brauchen also nicht nach jeder Zeile die **RETURN**-Taste zu betätigen. Mit **RETURN** fügen Sie lediglich Leerzeilen ein und kennzeichnen den Beginn eines neuen Absatzes.

13.4 Editieren von Text

13.4.1 Positionierung der Einfügemarke in einer WRITE-Datei

Um effizient mit dem Textprogramm arbeiten zu können, müssen Sie sich einige Kommandos zur Steuerung der Einfügemarke merken.
Die kleinste Einheit für eine Bewegung nach rechst oder links ist ein Buchstabe. Nach links gehen Sie mit der Taste Pfeil-Nach-Links, nach rechts mit der Taste Pfeil-Nach-Rechts.
Um von einem Wort zum anderen zu gelangen, verwenden Sie die Tastenkombinationen Control-Pfeil-Links und Control-Pfeil-Rechts. An den Anfang einer Zeile gelangen Sie, indem Sie die HOME-Taste betätigen, an das Ende mit der Taste END.
Außerdem verwendet WRITE die sogenannte GEHE ZU-TASTE. Dabei handelt es sich um die 5 auf dem Zahlenfeld. Die Tastenkombination GEHE-ZU-Pfeil-Rechts bewegt den Cursor an den Anfang des nächsten Satzes. Der vorherige Satz wird mit GEHE-ZU-Pfeil-Links erreicht. Die entsprechenden Tastenkombinationen GEHE ZU-Pfeil-Oben bzw. GEHE-ZU-Pfeil-Unten bewegen den Cursor zum vorherigen bzw. nächsten Ab-

satz. Wollen Sie in die erste Zeile der Bildschirmseite springen, erreichen
Sie das mit Control-PgUp. Control-PgDn bewegt den Cursor in die un-
terste Zeile der Seite. Die Tasten PgUp und PgDn dienen zum Blättern
von einer Bildschirmseite zur anderen.
Den Anfang bzw. das Ende eines Textes erreichen Sie mit den Tasten-
kombinationen Control-HOME bzw. Control-END.
Das Kommando GEHE ZU SEITE (Abkürzung **F4**) dient dazu bestimmte
Seiten des Textes zu erreichen. Beachten Sie bei diesem Kommando, daß
Sie zuerst die Funktion SEITENUMBRUCH ausführen müssen, bevor Sie
es verwenden können.
Neben den Tastaturkommandos läßt sich die Einfügemarke auch mit der
Maus bewegen. Bringen Sie die Einfügemarke an die gewünschte Stelle
und drücken Sie einmal den linken Mausknopf. Größere Textbereiche
durchblättern Sie mit Hilfe der Bildlaufleiste, die sich am rechten Rand
des WRITE-Fensters befindet. Wenn Sie einen der Pfeile, die sich auf der
Bildlaufleiste befinden, anklicken, wird das Bildschirmfenster um eine
Zeile nach oben bzw. unten verschoben. Um eine Fensterlänge können Sie
blättern, indem Sie den Bereich ober- oder unterhalb des Bildlauffensters
anklicken.
Mit Hilfe des Bildlauffensters können Sie jede Position im Text erreichen.
Bringen Sie den Mauszeiger auf das Bildlauffenster, halten Sie den linken
Mausknopf gedrückt und bewegen Sie es an die gewünschte Position. So-
bald Sie den Mausknopf loslassen, wird zu der ausgesuchten Position geblättert.

13.4.2 Markieren von Textstellen

Viele Funktionen des WRITE-Programms beziehen sich auf den markierten Teil des Textes. Sie müssen lernen, wie Sie Textstellen markieren.
Als Übung versuchen Sie einmal, das Wort "Schriftarten" im Übungstext
hervorzuheben.

Tastatur: 1. Gehen Sie mit den Pfeiltasten auf das "S" von Schriftarten;
           2. Drücken Sie die Umschalttaste und halten Sie sie fest;
           3. Markieren Sie das Wort mit der Pfeil-Rechts-Taste;
           4. Lassen Sie die Umschalttaste los.

Maus: 1. Bringen Sie den Mauszeiger auf das "S" von Schriftarten;
           2. Halten Sie den linken Mausknopf fest;
           3. Ziehen Sie den Mauszeiger nach rechts;
           4. Lassen Sie den linken Mausknopf los.

Nun ist das Wort "Schriftarten" im Text markiert. Auf die gleiche Weise
können Sie beliebig viele Wörter und Zeilen markieren. WRITE stellt jedoch spezielle Kommandos zur Verfügung.
Einzelne Wörter markieren Sie mit der Maus am schnellsten durch Doppelklicken. Mit der Tastatur durch die Tastenkombinationen Leertaste-
Control-Pfeil-Links bzw. Pfeil-Rechts. Markieren Sie bitte das Wort
"Integration" im Übungstext.

Tastatur: 1. Gehen Sie mit den Pfeiltasten vor das Wort;
          2. Drücken Sie die Umschalttaste und halten Sie sie fest;
          3. Markieren Sie mit der Pfeil-Rechts-Taste das Wort;
          4. Lassen Sie die Tasten los.

Maus: 1. Bringen Sie den Mauszeiger auf das Wort;
          2. Drücken Sie den linken Mausknopf zweimal;
          3. Lassen Sie den linken Mausknopf los.

Zeilen werden markiert, indem Sie die Umschalttaste gedrückt halten und
mit den Tasten Pfeil-Oben und Pfeil-Unten arbeiten oder die Maus über
den gewünschten Textbereich ziehen, während Sie den den linken Mausknopf festhalten.
Wollen Sie den Text zwischen zwei Stellen mit der Maus markieren, ver-
fahren Sie folgendermaßen:

Maus: 1. Bringen Sie den Mauszeiger auf die erste Textstelle;
          2. Drücken Sie die Umschalttaste und halten Sie sie fest;
          3. Drücken Sie den linken Mausknopf;
          4. Zeigen Sie mit der Maus auf die zweite Textstelle;
          5. Drücken Sie den linken Mausknopf;
          6. Lassen Sie die Umschalttaste los.

Ferner gibt es die Markierungsleiste, die sich am äußersten linken Rand
des Fensters befindet. Wenn Sie den Mauszeiger in diesen Bereich bewe-
gen, wird ein Pfeil sichtbar. Damit stehen weitere Möglichkeiten zum
Markieren zur Verfügung.
Eine Zeile wird markiert, indem Sie den Mauszeiger auf Höhe der Zeile
in die Markierungsleiste bewegen und diese einmal anklicken.
Absätze markieren Sie auf die gleiche Art durch Doppelklicken.
Wollen Sie den gesamten Text markieren, bringen Sie den Mauszeiger auf
die Markierungsleiste, betätigen Sie die Control-Taste und den linken
Mausknopf.

13.4.3 Löschen und Einfügen

Das Textprogramm bietet verschiedene Möglichkeiten, Text zu löschen.
Markieren Sie im Übungstext den Satz *"Ferner kann ..."*. Wenn Sie diesen
anschließend löschen wollen, gehen Sie folgendermaßen vor:

Tastatur: 1. Öffnen Sie mit **Alt-B** das BEARBEITEN-Menü;
        2. Markieren Sie AUSSCHNEIDEN mit den Pfeiltasten;
        3. Drücken Sie die **RETURN**-Taste.

Maus: 1. Bringen Sie den Mauszeiger auf BEARBEITEN;
        2. Halten Sie den linken Mausknopf fest;
        3. Ziehen Sie die Maus auf AUSSCHNEIDEN;
        4. Lassen Sie den linken Mausknopf los.

Der zuvor markierte Text ist nun gelöscht. Die Funktion RÜCKGÄNGIG
des BEARBEITEN-Menüs gestattet es, die jeweils letzte Handlung wieder
rückgängig zu machen. Da Sie als letztes den markierten Text gelöscht
haben, können Sie diesen Text wieder in das Textprogramm zurückholen,
indem Sie die RÜCKGÄNGIG-Funktion benutzen.

Tastatur: 1. Öffnen Sie mit **Alt-B** das BEARBEITEN-Menü;
        2. Markieren Sie RÜCKGÄNGIG mit den Pfeiltasten;
        3. Drücken Sie die **RETURN**-Taste.

Maus: 1. Bringen Sie den Mauszeiger auf BEARBEITEN;
        2. Halten Sie den linken Mausknopf fest;
        3. Ziehen Sie die Maus auf RÜCKGÄNGIG;
        4. Lassen Sie den linken Mausknopf los.

Der zuvor gelöschte Satz ist nun wieder in dem Text enthalten.

Eine Vielzahl von Befehlen, die Sie normalerweise über die Menüs des
Windows-Systems ausführen, können auch direkt über die Tastatur einge-
geben werden, ohne ein Menü zu öffnen. Sie können z.B. die Funktion
RÜCKGÄNGIG auch über die Tastenkombination **Umschalttaste** und
Escape starten. Versuchen Sie es einmal. Drücken Sie die Umschalttaste
und gleichzeitig die Escape-Taste und lassen beide wieder los.
Einzelne Zeichen können Sie mit der **Rückschrittaste** bzw. mit der
Tastenkombination **Umschalt-Rückschritt** löschen. Bewegen Sie die Ein-
fügemarke rechts neben den zu löschenden Buchstaben und betätigen Sie
die Rückschrittaste. Befindet sich die Einfügemarke links neben dem
Buchstaben, den Sie löschen wollen, verwenden Sie Umschalt-Rückschritt.
Um Text zu überschreiben, gehen Sie folgendermaßen vor. Markieren Sie
die Stelle, die überschrieben werden soll und tragen Sie den neuen Text

ein. Der markierte Teil verschwindet und wird durch den neuen Text ersetzt.
Einfügen wird erreicht, indem Sie den Cursor an die Stelle plazieren, an der Text eingefügt werden soll, und diesen eingeben. Der bereits vorhandene Text wird nach rechts verschoben.

13.4.4 Textstellen verschieben

Die nächsten Befehle des BEARBEITEN-Menüs verwenden die Windows-Zwischenablage. Die Zwischenablage ist ein Zwischenspeicher, in den die von Ihnen markierten Textstellen abgelegt werden. Der Text bleibt solange dort stehen, bis etwas Neues hineingeschrieben wird. Dabei arbeitet die Zwischenablage im Hintergrund; Sie merken nichts davon.
Markieren Sie den kompletten ersten Satz Ihres Übungstextes. Nehmen wir an, Sie wollen diesen Satz an eine andere Position im Text verschieben; gehen Sie folgendermaßen vor:

Tastatur: 1. Öffnen Sie mit **Alt-B** das BEARBEITEN-Menü;
          2. Markieren Sie AUSSCHNEIDEN mit den Pfeiltasten;
          3. Drücken Sie die **RETURN**-Taste.

Maus: 1. Bringen Sie den Mauszeiger auf BEARBEITEN;
          2. Halten Sie den linken Mausknopf fest;
          3. Ziehen Sie die Maus auf AUSSCHNEIDEN;
          4. Lassen Sie den linken Mausknopf los.

Der markierte Satz ist nun verschwunden. Sie können ihn gleich wieder einfügen. Gehen Sie dazu mit den Pfeiltasten oder der Maus an die Position im Text, an der Sie den Satz haben möchten. Wählen Sie für diese Übung die Zeile über dem letzten Satz. Wenn Sie mit der Maus arbeiten, müssen Sie den Mauszeiger an die gewünschte Stelle setzen und einmal den linken Mausknopf drücken. Jetzt können Sie den zuvor markierten Teil des Textes dort einfügen.

Tastatur: 1. Öffnen Sie mit **Alt-B** das BEARBEITEN-Menü;
          2. Markieren Sie EINFÜGEN mit den Pfeiltasten;
          3. Drücken Sie die **RETURN**-Taste.

Maus: 1. Bringen Sie den Mauszeiger auf BEARBEITEN;
          2. Halten Sie den linken Mausknopf fest;
          3. Ziehen Sie die Maus auf EINFÜGEN;
          4. Lassen Sie den linken Mausknopf los.

Sie haben jetzt den markierten Text aus seiner ursprünglichen Position
entfernt und an eine andere Stelle plaziert.
Die Funktionen AUSSCHNEIDEN und EINFÜGEN lassen sich auf eine
andere Art und Weise schneller und einfacher ausführen, als über das
BEARBEITEN-Menü. Die Taste DEL (Löschen) entspricht dabei dem Befehl AUSSCHNEIDEN, während EINFÜGEN mit der Taste INS
(Einfügen) belegt ist. Probieren Sie diese Arbeitsweise einmal aus, indem
Sie den eben verschobenen Text wieder an seine ursprüngliche Position
bringen.

> 1. Markieren Sie den Text;
> 2. Drücken Sie *DEL*;
> 3. Gehen Sie mit den Pfeiltasten an die Stelle;
> 4. Drücken Sie *INS*.

Nun steht der Satz wieder an der Anfangsposition. Auf diese Weise kön-
nen Sie einen Text an einer bestimmten Position löschen und an anderer
Stelle wieder einfügen. Wenn Sie den markierten Abschnitt an anderer
Stelle einfügen wollen, ohne ihn an der ursprünglichen Position zu lö-
schen, erreichen Sie das mit der KOPIEREN-Funktion des BEARBEI-
TEN-Menüs. Dazu gehen Sie wie im vorherigen Beispiel vor. Die KOPIE-
REN-Funktion belegt das Tastaturkürzel **F2** (Funktionstaste 2). Plazieren
Sie den ersten Satz den Übungstextes in die Zeile vor dem letzten Satz,
ohne den markierten Bereich dabei zu löschen.

> 1. Markieren Sie den Text;
> 2. Drücken Sie *F2*;
> 3. Gehen Sie mit den Pfeiltasten an den Textanfang;
> 4. Drücken Sie *INS*.

Auf diese Weise können Sie Bausteine innerhalb eines Textes einfach
verschieben.

13.4.5. Textaustausch zwischen WRITE-Dateien

So wie Sie in der vorherigen Übung Textbausteine innerhalb einer Datei
verschoben und kopiert haben, können Sie das auch zwischen verschiedenen WRITE-Dateien tun. Markieren Sie den Übungstext und bringen
Sie diesen in die Zwischenablage.

> 1. Markieren Sie den Text;
> 2. Drücken Sie *F2*.

Wählen Sie nun aus dem DATEI-Menü das Kommando DATEI LADEN.
WRITE fragt nach, ob der Übungstext gespeichert werden soll. Beantworten Sie das Dialogfeld mit "Ja" und geben *TEST01* als Dateinamen an.

Tastatur: 1. Öffnen Sie mit **Alt-D** das DATEI-Menü;
          2. Geben Sie *d* ein für DATEI LADEN;
          3. Drücken Sie die **RETURN**-Taste.

Maus: 1. Bringen Sie den Mauszeiger auf DATEI;
          2. Halten Sie den linken Mausknopf fest;
          3. Ziehen Sie die Maus auf DATEI LADEN;
          4. Lassen Sie den linken Mausknopf los.

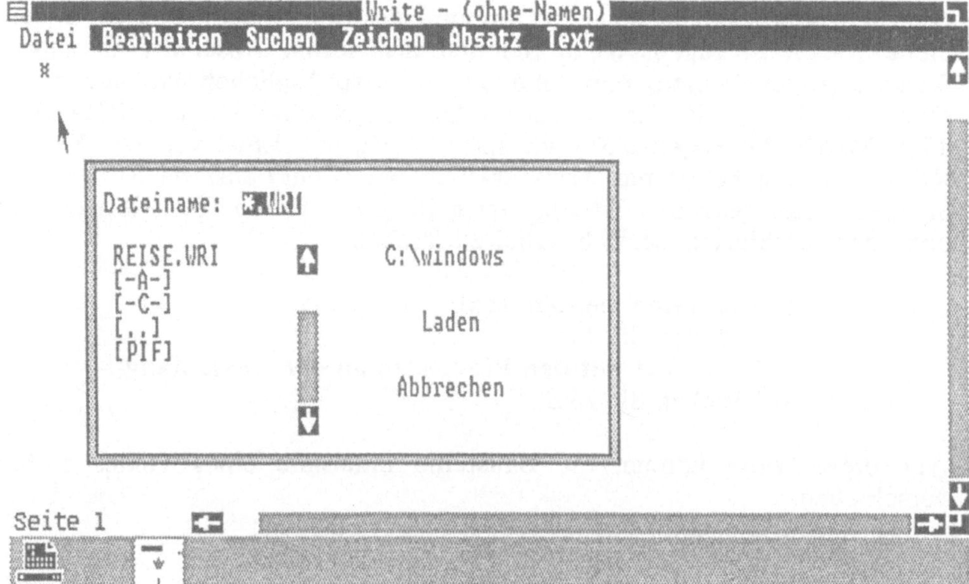

Nun erscheint ein Dialogfeld, das im Dateibereich verschiedene WRITE-Dateien zeigt. Laden Sie die Datei REISE.WRI, indem Sie den Dateinamen zweimal mit der Maus anklicken. Wenn Sie mit der Tastatur arbeiten, betätigen Sie einmal die Taste TAB, wählen Sie mit den Pfeiltasten die Datei REISE.WRI aus und betätigen Die die **RETURN**-Taste.
Sobald die neue Datei geladen ist, drücken Sie die Taste INS (Einfügen). Damit wird der Inhalt der Zwischenablage in die Arbeitsdatei übertragen. Auf diese Weise können Sie Textbausteine zwischen verschiedenen Dateien austauschen.
Beachten Sie, daß Sie das WRITE-Fenster nicht schließen dürfen, wenn Sie einen WRITE-Text in der Zwischenablage halten, da sonst die Formatierung verloren geht.

13.4.6 Suchen von Textstellen

WRITE besitzt Kommandos, um Textstellen schnell auffinden zu können. Dazu benutzen Sie das Kommando SUCHEN im SUCHEN-Menü.

Tastatur: 1. Öffnen Sie mit **Alt-S** das SUCHEN-Menü;
          2. Geben Sie *s* ein für SUCHEN;
          3. Drücken Sie die **RETURN**-Taste.

Maus: 1. Bringen Sie den Mauszeiger auf SUCHEN;
          2. Halten Sie den linken Mausknopf fest;
          3. Ziehen Sie die Maus auf SUCHEN;
          4. Lassen Sie den linken Mausknopf los.

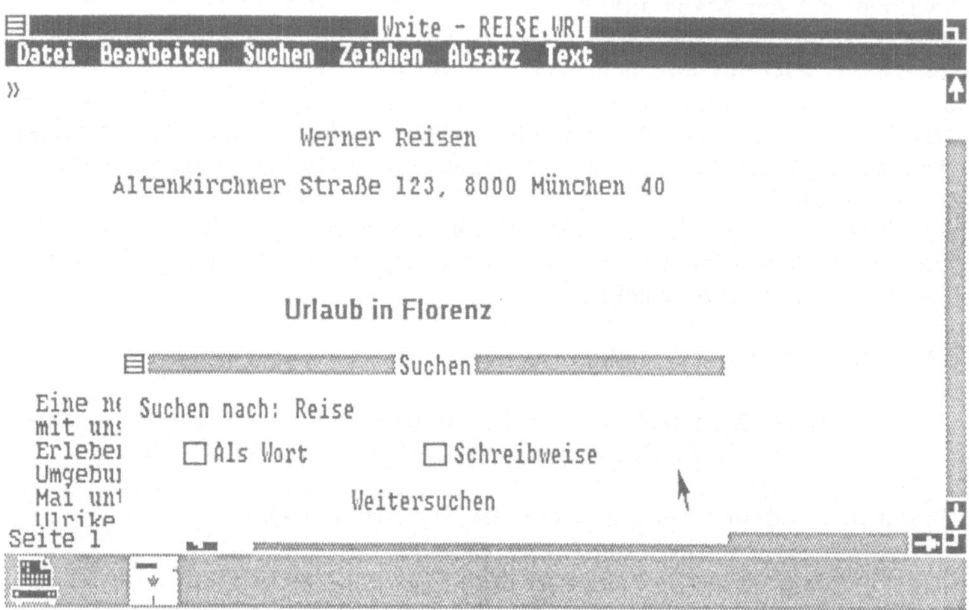

Nun erscheint ein Dialogfeld. Tragen Sie den Suchbegriff *Reise* in die
Zeile "Suchen nach" ein. Bestätigen Sie mit **<RETURN>**. WRITE beginnt
nun den Begriff in der Arbeitsdatei zu suchen. Sobald das Wort "Reise"
vorkommt, wird es markiert. Wenn Sie weitere Vorkommen des Begriffs
suchen wollen, betätigen Sie das Schaltfeld WEITERSUCHEN des
Dialogfeldes. Eine andere Möglichkeit ist, das Dialogfeld zu schließen und
WEITERSUCHEN mit Hilfe der Abkürzung **F3** durchzuführen. Betätigen
Sie mehrfach die Taste **F3**. WRITE markiert jedesmal den Suchbegriff. Ist
der gesamte Text durchgearbeitet, erscheint die Meldung "Die Suche ist
beendet". Kann der Suchbegriff nicht gefunden werden, meldet sich
WRITE mit "Ich kann den Suchbegriff nicht finden".
Rufen Sie noch einmal das Kommando SUCHEN auf. Im Dialogfeld er-
kennen Sie zwei weiter Schaltfelder. Die Option ALS WORT bewirkt, daß

der Suchbegriff nur als selbstständiges Wort gefunden werden soll. Lautet der Suchbegriff "Reise", wird auch nur "Reise" gefunden und keine Begriffe wie "Reiseunternehmen". Die zweite Schaltfläche bietet die Möglichkeit nach einer genauen Schreibweise zu suchen. Ist diese Option eingestellt, wird zwischen Groß- und Kleinschreibung unterschieden.

13.4.7 Ändern von Textstellen

In Kombination mit dem Suchkommando können Textstellen gegen andere ausgetauscht werden. Dazu dient das Kommando ÄNDERN. Rufen Sie es einmal auf.

Tastatur: 1. Öffnen Sie mit **Alt-S** das SUCHEN-Menü;
          2. Geben Sie *ä* ein für ÄNDERN;
          3. Drücken Sie die **RETURN**-Taste.

Maus: 1. Bringen Sie den Mauszeiger auf SUCHEN;
          2. Halten Sie den linken Mausknopf fest;
          3. Ziehen Sie die Maus auf ÄNDERN;
          4. Lassen Sie den linken Mausknopf los.

Nun erscheint das Dialogfeld ÄNDERN. Tragen Sie in die Zeile "Suchen nach" den Begriff *Florenz* und in die Zeile "Ändern in" *Rom* ein. Bestätigen Sie mit der **RETURN**-Taste. WRITE beginnt nun den Begriff zu suchen und markiert ihn. Mit Hilfe der Schaltflächen im Dialogfeld können Sie auswählen. Wollen Sie den gefundenen Begriff nicht verändern, wählen Sie WEITERSUCHEN. Andernfalls bestätigen Sie die Schaltfläche ÄNDERN. Dadurch wird der Suchbegriff gegen den Begriff in der Zeile "Ändern in" ausgetauscht. ÄNDERN UND WEITERSUCHEN ist eine Kombination der beiden zuerst genannten Schaltflächen. Ein gefundener Begriff wird ersetzt und WRITE fährt mit der Suche fort. Wenn Sie ALLES ÄNDERN wählen, wird das Suchen und Ersetzen automatisch im gesamten Text durchgeführt.
Tauschen Sie nun in der Datei REISE.WRI "Rom" wieder gegen "Florenz" aus. Wählen Sie diesmal ALLES ÄNDERN im Dialogfeld.
Wollen Sie das Kommando ÄNDERN auf einen bestimmten Bereich der Arbeitsdatei beschränken, müssen Sie diesen zuvor markieren. Sobald eine Markierung vorhanden ist, beziehen sich die Kommandos SUCHEN und ÄNDERN nur auf diesen Bereich.

13.5 Arbeit mit WRITE-Dateien

13.5.1 Abspeichern von WRITE-Dateien

Dieser Punkt ist von besonderer Bedeutung. Sie werden lernen, wie mit WRITE erstellte Dateien abgespeichert werden. Das Kommando ist SPEICHERN im DATEI-Menü.

Tastatur: 1. Öffnen Sie mit **Alt-D** das DATEI-Menü;
             2. Geben Sie *s* ein für SPEICHERN;
             3. Drücken Sie die **RETURN**-Taste.

Maus: 1. Bringen Sie den Mauszeiger auf DATEI;
             2. Halten Sie den linken Mausknopf fest;
             3. Markieren Sie SPEICHERN;
             4. Lassen Sie den linken Mausknopf los.

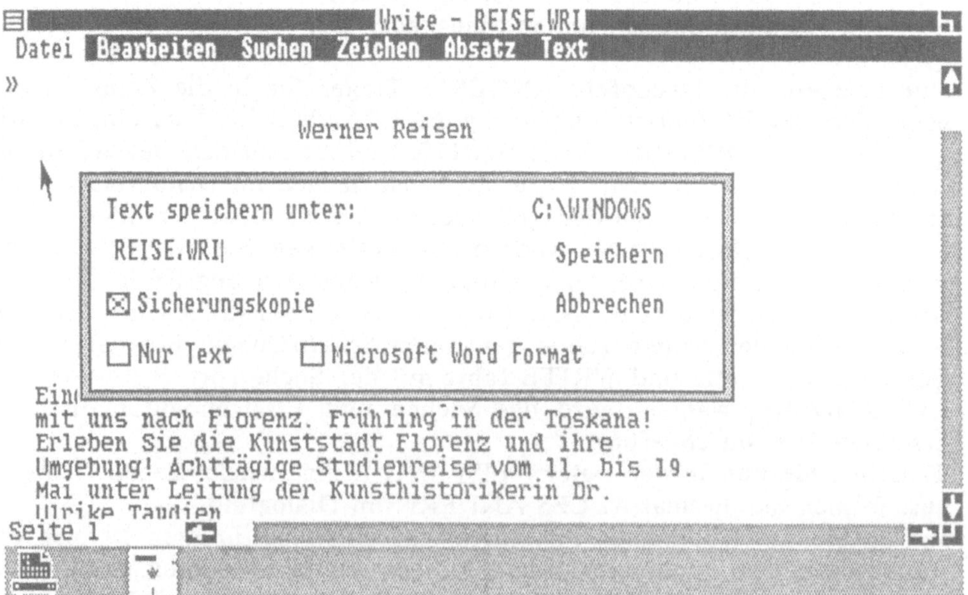

Nun erscheint ein Dialogfeld, in das Sie den Dateinamen eingeben
müssen, unter dem Ihr Text abgespeichert werden soll. Tragen Sie hier
"Test01" ein und drücken Sie <RETURN>. Windows speichert Ihren Text
unter dem Namen TEST01.WRI ab. Die Dateinamenerweiterung .WRI ist
für das Textprogramm WRITE.EXE spezifisch. Alle Ihre Dateien werden
mit dieser Erweiterung abgelegt. Sie wissen sofort, daß es sich um eine zu
WRITE gehörende Datei handelt, wenn Sie diese Erweiterung sehen.
Unter den Schaltflächen des Dialogfeldes sehen Sie SICHERHEITSKOPIE.
Diese Option bewirkt, daß neben der neu abgespeicherten die vorherige
(unveränderte) Version des Textes in einer Datei mit gleichem Namen
aber der Erweiterung .SKP festgehalten wird. Aus Gründen der
Datensicherheit sollten Sie diese Option benutzen.
Die Schaltflächen NUR TEXT und MICROSOFT WORD FORMAT be-
wirken, daß der Text einer WRITE-Datei unformatiert bzw. so abgespeichert wird, daß er vom Textverarbeitungsprogramm Word gelesen werden
kann. NUR TEXT wird auch für den Datenaustausch mit anderen Windows-Programmen vorgeschlagen.
Normalerweise versucht WRITE die Arbeitsdatei im aktuellen Unterverzeichnis und Laufwerk abzulegen. Wollen Sie die Datei auf einem anderen Laufwerk oder Pfad speichern, können Sie die notwendigen Angaben zusammen mit dem Dateinamen im Dialogfeld eintragen.

13.5.2 Erstellen neuer WRITE-Dateien

In der vorherigen Übung haben Sie Ihren Text abgespeichert, so daß dieser nicht mehr verlorengehen kann. Wenn Sie nun Informationen in einer
anderen Datei aufnehmen wollen, müssen Sie zuerst eine neue Datei erstellen. Verwenden Sie den Befehl NEU aus dem DATEI-Menü.

Tastatur: 1. Öffnen Sie mit **Alt-D** das DATEI-Menü;
          2. Geben Sie *n* ein für NEU;
          3. Drücken Sie die **RETURN**-Taste.

Maus: 1. Bringen Sie den Mauszeiger auf DATEI;
          2. Halten Sie den linken Mausknopf fest;
          3. Markieren Sie NEU;
          4. Lassen Sie den linken Mausknopf los.

Nach diesem Kommando erscheint eine leere Arbeitsfläche und der Titel
"ohne Namen" in der obersten Zeile.

13.5.3 Laden von WRITE-Dateien

Sie haben zwei Möglichkeiten, Texte wieder in das Textprogramm zu laden. Wenn Sie sich im MS-DOS-Fenster befinden, starten Sie die gewünschte Datei mit der Endung .WRI. Aus WRITE heraus verwenden Sie den Befehl DATEI LADEN des DATEI-Menüs.

Tastatur: 1. Öffnen Sie mit **Alt-D** das DATEI-Menü;
          2. Geben Sie *d* ein für DATEI LADEN;
          3. Drücken Sie die **RETURN**-Taste.

Maus: 1. Bringen Sie den Mauszeiger auf Menü DATEI;
          2. Halten Sie den linken Mausknopf fest;
          3. Markieren Sie DATEI LADEN;
          4. Lassen Sie den linken Mausknopf los.

Auf dem Bildschirm erscheint ein Dialogfeld, in das Sie den Namen der zu ladenden Datei eingeben müssen. Gehen Sie zunächst innerhalb dieses Dialogfeldes in den Dateibereich, indem Sie *TAB* eingeben oder den Mauszeiger dort positionieren und den linken Mausknopf einmal anklicken. Wählen Sie mit den Pfeiltasten die Datei aus, die Sie laden möchten und bestätigen Sie mit <RETURN>. Falls Sie mit der Maus arbeiten, brauchen Sie die gewünschte Datei nur zweimal anzuklicken, um sie in WRITE.EXE zu laden. Laden Sie die vorhin erstellte Übungsdatei TEST01.WRI. Der Text erscheint auf der Arbeitsfläche und das Dialogfeld verschwindet.
Dateien können direkt aus dem MS-DOS-Fenster heraus in das Textprogramm geladen werden. Dazu müssen Sie den Namen der Datei kennen, die Sie laden wollen, diesen markieren und starten. Verlassen Sie zunächst WRITE.EXE und bringen Sie das MS-DOS-Fenster auf den Bildschirm. Stellen Sie dann mit dem Befehl ALLE aus dem Menü LISTE die Anzeige in diesem Fenster so ein, daß alle vorhandenen Dateien aufgelistet werden.

Tastatur: 1. Öffnen Sie mit **Alt-L** das LISTE-Menü;
          2. Geben Sie *a* ein für ALLE;
          3. Drücken Sie die **RETURN**-Taste.

Maus: 1. Bringen Sie den Mauszeiger auf LISTE;
          2. Halten Sie den linken Mausknopf fest;
          3. Markieren Sie ALLE;
          4. Lassen Sie den linken Mausknopf los.

Suchen Sie auf der Arbeitsfläche die Datei TEST01.WRI und starten Sie diese.

Tastatur: Markieren Sie mit den Pfeiltasten TEST01.WRI und drücken Sie die **RETURN**-Taste.

Maus: Bringen Sie den Mauszeiger auf die Datei TEST01.WRI und bestätigen Sie mit einem Doppelklicken des linken Maus-zeigers.

Anhand des Dateiergänzungsnamens .WRI erkennt Windows, daß es sich bei der ausgesuchten Datei um eine WRITE-Datei handelt. Daher wird zunächst automatisch das Programm WRITE.EXE gestartet und erst dann die Datei TEST01.WRI geladen.

13.5.4 Drucken von WRITE-Dateien

Um Texte ausdrucken zu lassen, brauchen Sie die entsprechende Datei nur zu laden und mit dem Befehl DRUCKEN des DATEI-Menüs an den Drucker zu schicken. Drucken Sie die Datei TEST01.WRI aus.

Tastatur: 1. Öffnen Sie mit **Alt-D** das DATEI-Menü;
          2. Geben Sie zweimal *d* ein für DRUCKEN;
          3. Drücken Sie die **RETURN**-Taste.

Maus: 1. Bringen Sie den Mauszeiger auf Menü DATEI;
          2. Halten Sie den linken Mausknopf fest;
          3. Markieren Sie DRUCKEN;
          4. Lassen Sie den linken Mausknopf los.

Sie sehen ein Dialogfeld mit den Schaltflächen KOPIEN und SEITEN. In Abhängigkeit vom verwendeten Drucker erscheint das Feld ENTWURF. Bei KOPIEN können Sie angeben, wie oft der Text gedruckt werden soll. Mit SEITEN legen Sie den Druckumfang fest. Voreingestellt ist ALLES; d.h. der gesamte Text wird ausgegeben. Sie haben jedoch die Möglichkeit bestimmte Textteile durch Angabe der Seitenzahlen ausdrucken zu lassen. Sobald Sie das Dialogfeld mit <RETURN> oder der Schaltfläche OK be-stätigen, erscheint der Druckerspooler. Falls Sie die Datei doch nicht drucken lassen wollen, können Sie in diesem Fenster die Schaltfläche ABBRECHEN wählen, um den Vorgang abzubrechen. Andernfalls wird Ihr Text in den Spooler aufgenommen und von dort zum Drucker ge-schickt.

Ein weiteres Kommando im DATEI-Menü ist DRUCKER WECHSELN.
Hier erscheinen in einem Dialogfeld die Drucker, die Sie bei der Instal-
lation von Windows angegeben haben. Wählen Sie mit den Pfeiltasten oder
der Maus den gewünschten Drucker. Damit wird dieser zum aktuellen
Drucker. Beachten Sie jedoch, daß Textlayout und Seitenumbruch von
Drucker zu Drucker verschieden sein kann. Sie sollten daher Ihren Text
mit einem neuen Seitenumbruch versehen, wenn Sie das Kommando
DRUCKER WECHSELN ausgeführt haben.

13.5.5 Seitenumbruch

Bevor Sie einen Text drucken können, muß er in Seiten unterteilt worden
sein. Diese Paginierung können Sie selbst durchführen oder dem Textprogramm überlassen. Im zweiten Fall wird der Seitenumbruch automatisch
vor dem Ausdruck durchgeführt, wenn der Text noch nicht paginiert
worden ist. Für die manuelle Paginierung steht das Kommando SEI-
TENUMBRUCH im DATEI-Menü zur Verfügung. Üben Sie an der Datei
REISE.WRI.

Tastatur: 1. Öffnen Sie mit **Alt-D** das DATEI-Menü;
          2. Geben Sie zweimal *s* ein für SEITENUMBRUCH;
          3. Drücken Sie die **RETURN**-Taste.

Maus: 1. Bringen Sie den Mauszeiger auf DATEI;
          2. Halten Sie den linken Mausknopf fest;
          3. Markieren Sie SEITENUMBRUCH;
          4. Lassen Sie den linken Mausknopf los.

Ein Dialogfeld erscheint, das die Schaltfläche SEITENWECHSEL BE-
STÄTIGEN enthält. An dieser Stelle können Sie entscheiden, ob Sie die
Paginierung dem Programm überlassen oder die Seitenumbrüche bestätigen wollen. Wählen Sie SEITENWECHSEL BESTÄTIGEN und drücken
Sie die **RETURN**-Taste. WRITE beginnt nun den Text zu paginieren und
schlägt einen Seitenumbruch vor. Diese Stelle wird markiert. Anschließend
erscheint das Dialogfeld SEITENUMBRUCH FESTLEGEN. Hier können
Sie den vorgeschlagenen Umbruch bestätigen oder verschieben. Wählen
Sie die entsprechende Schaltfläche und bestätigen Sie dann. Beachten Sie,
daß Sie einen vorgeschlagenen Seitenumbruch nicht weiter nach unten
ziehen können. Die Schaltfläche NACH UNTEN dient nur dazu, eine
vorher nach oben verschobene Paginierung wieder zurückzusetzen.
Eine weitere Möglichkeit einen Seitenumbruch herbeizuführen, haben Sie
bei der Texteingabe. Mit der Tastenkombination **Control-RETURN**
schließen Sie eine Zeile ab, nach der Sie eine neue Seite beginnen wollen.

Diese Stelle wird durch eine gepunktete Linie markiert. Alle anderen
Stellen, an denen eine neue Seite beginnt sind durch das Zeichen ">>" gekennzeichnet.

13.6 Textgestaltung

13.6.1 Absatzformatierung

Im Menü ABSATZ stehen Ihnen eine Reihe von Kommandos zur Verfügung, die das Layout von Absätzen betreffen. Die Standardeinstellung ist:
linksbündig, einzeilig, kein Blocksatz und keine Einzüge.
Die Kommandos des Menüs ABSATZ beziehen sich auf den Absatz, in
dem sich die Einfügemarke befindet. Sollen mehrere Absätze gleichzeitig
bearbeitet werden, müssen sie markiert sein. Führen Sie die folgenden
Übungen am Text REISE.WRI durch.
Bringen Sie den Cursor in den Absatz, der mit *"Eine neue Reise in unse-
rem Programm"* beginnt. Stellen Sie diesen Teil des Textes einmal rechtsbündig auf dem Bildschirm dar.

Tastatur: 1. Öffnen Sie mit **Alt-A** das ABSATZ-Menü;
         2. Geben Sie *r* ein für RECHTSBÜNDIG;
         3. Drücken Sie die **RETURN**-Taste.

Maus: 1. Bringen Sie den Mauszeiger auf ABSATZ;
         2. Halten Sie den linken Mausknopf fest;
         3. Ziehen Sie die Maus auf RECHTSBÜNDIG;
         4. Lassen Sie den linken Mausknopf los.

Der ausgewählte Absatz wird nun rechtsbündig dargestellt. Im Menü
ABSATZ ist die aktuelle Formatierung einer Textstelle an den Häkchen
links neben den Kommandos zu erkennen. Öffnen Sie einmal dieses
Menü.

Tastatur: Öffnen Sie mit **Alt-A** das ABSATZ-Menü.

Maus: 1. Bringen Sie den Mauszeiger auf ABSATZ;
         2. Halten Sie den linken Mausknopf fest.

Sie erkennen, daß RECHTSBÜNDIG und EINZEILIG abgehakt sind. Auf
diese Weise können Sie im ABSATZ-Menü feststellen, wie eine Textstelle
formatiert ist.
Stellen Sie den gleichen Absatz nun im Blocksatz dar.

Tastatur: 1. Öffnen Sie mit **Alt-A** das **ABSATZ**-Menü;
2. Geben Sie *b* ein für **BLOCKSATZ**;
3. Drücken Sie die **RETURN**-Taste.

Maus: 1. Bringen Sie den Mauszeiger auf **ABSATZ**;
2. Halten Sie den linken Mausknopf fest;
3. Ziehen Sie die Maus auf **BLOCKSATZ**;
4. Lassen Sie den linken Mausknopf los.

Tun Sie das gleiche mit ZENTRIERT, LINKS, STANDARD und den Kommandos für den Zeilenabstand.
Ferner bietet WRITE die Möglichkeit, Absätze vom linken und rechten Rand einzuziehen. Benutzen Sie dazu das Kommando EINZUG im Menü ABSATZ. Stellen Sie in der nächsten Übung den vorher benutzten Absatz im Blockformat mit einem linken und rechten Einzug von 2 cm dar.

Tastatur: 1. Öffnen Sie mit **Alt-A** das **ABSATZ**-Menü;
2. Geben Sie zweimal *e* ein für **EINZUG**;
3. Drücken Sie die **RETURN**-Taste.

Maus: 1. Bringen Sie den Mauszeiger auf **ABSATZ**;
2. Halten Sie den linken Mausknopf fest;
3. Ziehen Sie die Maus auf **EINZUG**;
4. Lassen Sie den linken Mausknopf los.

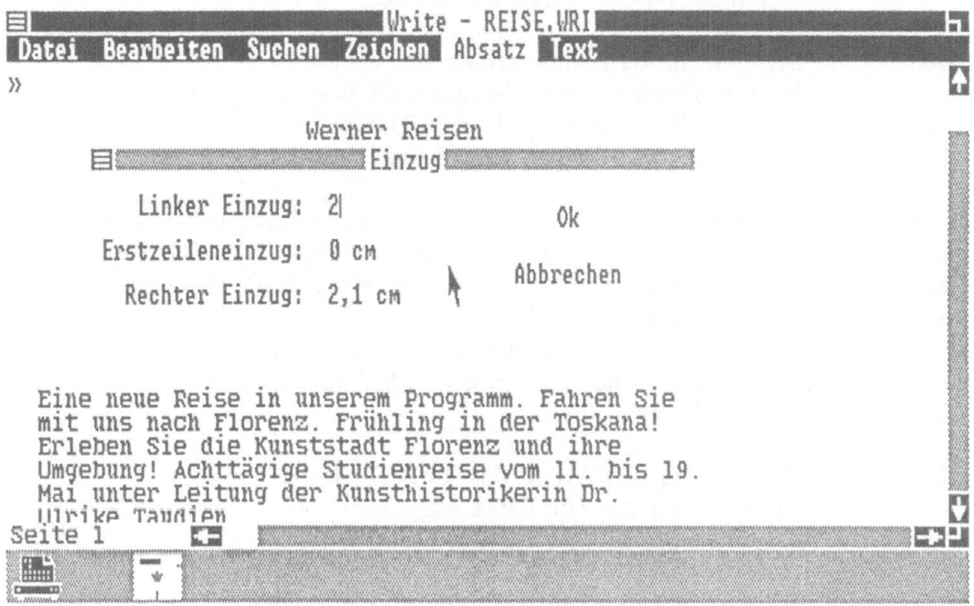

Ein Dialogfeld erscheint, in das Sie die Formatierung eintragen müssen.
Geben Sie *2* im Feld "Linker Einzug" ein. Betätigen Sie zweimal die Taste
TAB oder bringen Sie den Mauszeiger in das Feld "Rechter Einzug". Tragen Sie hier auch *2* ein und bestätigen mit <RETURN>. Nun wird der
Absatz im Blocksatz mit einem Einzug von 2 cm rechts und links dargestellt.
Wollen Sie die erste Zeile eines Absatzes getrennt einziehen, tragen Sie in
das Dialogfeld EINZUG einen negativen Wert in die Spalte ERSTZEI-
LENEINZUG ein.

Tastatur: 1. Öffnen Sie mit **Alt-A** das ABSATZ-Menü;
           2. Geben Sie zweimal *e* ein für EINZUG;
           3. Drücken Sie die **RETURN**-Taste.

Maus: 1. Bringen Sie den Mauszeiger auf ABSATZ;
           2. Halten Sie den linken Mausknopf fest;
           3. Ziehen Sie die Maus auf EINZUG;
           4. Lassen Sie den linken Mausknopf los.

Geben Sie die gleichen Werte wie zuvor in das Dialogfeld ein. Bei dieser
Übung tragen Sie jedoch *-2* in die Spalten ERSTZEILENEINZUG ein.
Bestätigen Sie mit der **RETURN**-Taste. Die erste Zeile des Absatzes wird
nun getrennt eingezogen.
Mausbenutzer können Absatzformatierung mit dem Lineal des TEXT-
Menüs durchführen. Öffnen Sie das TEXT-Menü und führen Sie das
Kommando LINEAL aus.

Tastatur: 1. Öffnen Sie mit **Alt-T** das TEXT-Menü;
           2. Geben Sie *l* ein für LINEAL;
           3. Drücken Sie die **RETURN**-Taste.

Maus: 1. Bringen Sie den Mauszeiger auf TEXT;
           2. Halten Sie den linken Mausknopf fest;
           3. Ziehen Sie die Maus auf LINEAL;
           4. Lassen Sie den linken Mausknopf los.

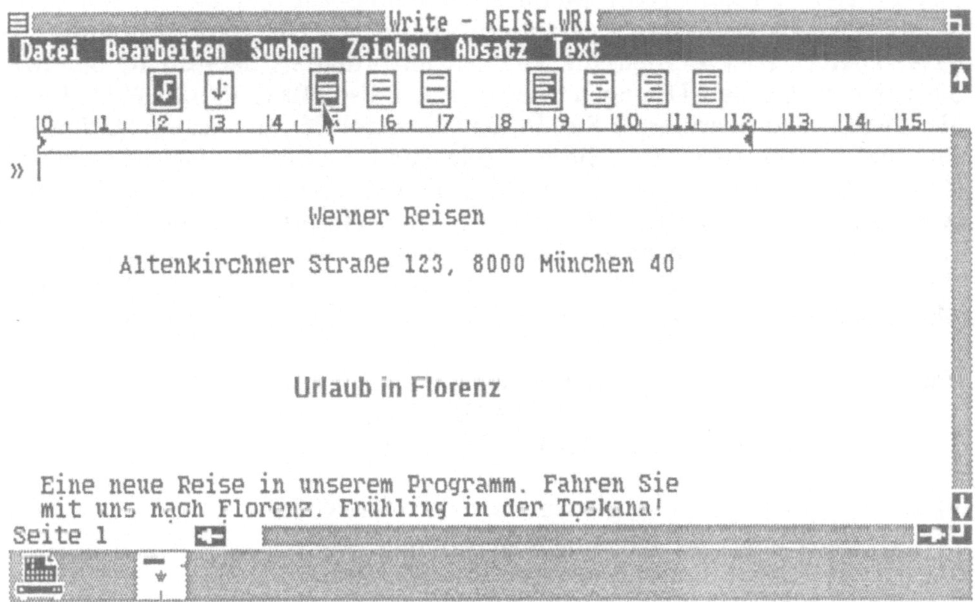

Im Arbeitsbereich erscheint das Lineal mit verschiedenen Sinnbildern.
Wählen Sie den Absatz, den Sie bearbeiten wollen durch ein Klicken aus.
Die Sinnbilder für linksbündig, zentriert, rechtsbündig und Blocksatz befinden sich auf der rechten Seite des Lineals. Sie brauchen diese nur einmal anzuklicken, um die entsprechende Formatierung herbeizuführen. Das
gleiche gilt für die Sinnbilder des Zeilenabstands.
Am linken Rand des Lineals befinden sich die Ersteinzugs- und die Ein-
zugsmarke. Diese lassen sich mit der Maus auf dem Lineal verschieben.
Halten Sie dazu den linken Mausknopf fest und bewegen ihn bis zu der
gewünschten Stelle auf den Lineal.

13.6.2 Zeichenformatierung

WRITE stellt im ZEICHEN-Menü Kommandos zur Verfügung, mit denen
Sie Zeichendarstellungen verändern können. Die Voreinstellung ist
STANDARD. Hier werden alle Zeichen unformatiert dargestellt. Benutzen
Sie für die nächsten Übungen wieder den Beispieltext REISE.WRI. Laden
Sie diesen und markieren Sie in der Überschrift die Zeile "Urlaub in
Florenz". Markieren Sie diese Zeile und kopieren Sie sie in die
Zwischenablage. Erzeugen Sie nun mit dem Kommando DATEI NEU eine
Arbeitsdatei. Verwenden Sie die Taste INS (Insert), um den Inhalt der
Zwischenablage in den neuen Text zu bringen. An dieser Zeile sollen nun
die verschiedenen Möglichkeiten der Zeichenformatierung geübt werden.
Markieren Sie den Text und stellen Sie ihn im Standardformat dar.

Tastatur: 1. Öffnen Sie mit **Alt-Z** das ZEICHEN-Menü;
           2. Geben Sie *s* ein für STANDARD;
           3. Drücken Sie die **RETURN**-Taste.

Maus: 1. Bringen Sie den Mauszeiger auf ZEICHEN;
           2. Halten Sie den linken Mausknopf fest;
           3. Ziehen Sie die Maus auf STANDARD;
           4. Lassen Sie den linken Mausknopf los.

Der markierte Text wird nun im Standardzeichenformat dargestellt. Beachten Sie die Kommandoabkürzungen im ZEICHEN-Menü. Hier sind sie
noch einmal zusammengestellt.

       F5   : Zeichen Standard;
       F6   : Zeichen fett;
       F7   : Zeichen kursiv;
       F8   : Zeichen unterstrichen;
       F9   : Schrift verkleinern;
       F10 : Schrift vergrößern.

Mit Hilfe dieser Abkürzungen arbeiten Sie wesentlich effizienter als über
das ZEICHEN-Menü.
Der zuvor eingefügte Text befindet sich noch in der Zwischenablage. Kopieren Sie ihn sechsmal in die Arbeitsdatei. Damit können Sie sich eine
vergleichende Übersicht über die Effekte der einzelnen Kommandos verschaffen. Markieren Sie den gesamten Text und drücken Sie **F5**
(Funktionstaste 5) für STANDARD. Nun markieren Sie die zweite Zeile
und betätigen die Taste **F6**. Die Zeile wird in Fettdruck dargestellt. Versuchen Sie einmal die dritte Zeile zu unterstreichen. Das erreichen Sie mit
der Taste **F8**.

Im ZEICHEN-Menü sind die Formate, die auf den markierten Text zutreffen, mit einem Häkchen gekennzeichnet. Neben den einzelnen Kommandos sind auch Kombinationen möglich. Markieren Sie die nächste Zeile und verwenden dann das Zeichenformat KURSIV und UNTERSTRICHEN. Dazu betätigen Sie erst **F7** und dann **F8**.
WRITE erlaubt auch Hoch- und Tiefstellung von Zeichen. Die entsprechenden Kommandos im ZEICHEN-Menü sind HOCHGESTELLT und TIEFGESTELLT. Tragen Sie den folgenden Text in die Arbeitsdatei ein: *Wasser hat die chemische Formel H_2O*. Markieren Sie die 2 in H_2O und stellen Sie die Zahl tiefgestellt dar.

Tastatur: 1. Öffnen Sie mit **Alt-Z** das ZEICHEN-Menü;
           2. Geben Sie *t* ein für TIEFGESTELLT;
           3. Drücken Sie die **RETURN**-Taste.

Maus: 1. Bringen Sie den Mauszeiger auf ZEICHEN;
           2. Halten Sie den linken Mausknopf fest;
           3. Ziehen Sie die Maus auf TIEFGESTELLT;
           4. Lassen Sie den linken Mausknopf los.

Auf diese Weise lassen sich chemische Formeln korrekt schreiben.
Weitere Kommandos betreffen die Umstellung der Schriftart. Die ersten drei Schriftarten, über die der aktuelle Drucker verfügt, werden im ZEICHEN-Menü angezeigt. Markieren Sie den gesamten Text und wählen Sie eine andere Schriftart.

Tastatur: 1. Öffnen Sie mit **Alt-Z** das ZEICHEN-Menü;
           2. Mit Pfeiltasten gewünschte Schriftart wählen;
           3. Drücken Sie die **RETURN**-Taste.

Maus: 1. Bringen Sie den Mauszeiger auf ZEICHEN;
           2. Halten Sie den linken Mausknopf fest;
           3. Ziehen Sie die Maus auf die gewünschte Schriftart;
           4. Lassen Sie den linken Mausknopf los.

Der Text wird nun in der neuen Schriftart auf dem Bildschirm gezeigt. Weitere Schriftarten können Sie mit dem Kommando ZEICHEN-SCHRIFTARTEN auswählen.

Tastatur: 1. Öffnen Sie mit **Alt-Z** das ZEICHEN-Menü;
           2. Geben Sie *s* ein bis SCHRIFTARTEN erscheint;
           3. Drücken Sie die **RETURN**-Taste.

Maus: 1. Bringen Sie den Mauszeiger auf ZEICHEN;
           2. Halten Sie den linken Mausknopf fest;
           3. Ziehen Sie die Maus auf SCHRIFTARTEN;
           4. Lassen Sie den linken Mausknopf los.

Nun erscheint ein Dialogfeld, das alle Schriftarten auflistet, über die der aktuelle Drucker verfügt. Daneben wird der gegenwärtige Schriftgrad angezeigt. Beim Schriftgrad handelt es sich um ein Maß für die Größe der Buchstaben. Wählen Sie mit der Maus oder den Pfeiltasten eine Schriftart und einen Schriftgrad. Bestätigen Sie mit der **RETURN**-Taste. Der Schriftgrad kann auch mit den Kommandos SCHRIFT VERKLEINERN (**F9**) und SCHRIFT VERGRÖSSERN (**F10**) des ZEICHEN-Menüs verändert werden. Markieren Sie die dritte Zeile des Übungstextes und betätigen Sie die Taste F10. Der markierte Text wird nun im nächst höheren Schriftgrad gezeigt.

13.6.3 Text-Layout

In diesem Unterkapitel lernen Sie, wie Text mit Seitenzahlen, Kopf- und Fußzeilen versehen wird, wie man Tabstops setzt und das Druckbild beeinflußt. Die notwendigen Kommandos befinden sich im Menü TEXT.
Versehen Sie zuerst einmal die Datei "REISE.WRI" mit Seitenzahlen. Wollen Sie die Seitenzahlen oben auf der Seite gedruckt haben, wählen Sie TEXT KOPFZEILE.

Tastatur: 1. Öffnen Sie mit **Alt-T** das TEXT-Menü;
           2. Geben Sie *k* ein für KOPFZEILE;
           3. Drücken Sie die **RETURN**-Taste.

Maus: 1. Bringen Sie den Mauszeiger auf TEXT;
           2. Halten Sie den linken Mausknopf fest;
           3. Ziehen Sie die Maus auf KOPFZEILE;
           4. Lassen Sie den linken Mausknopf los.

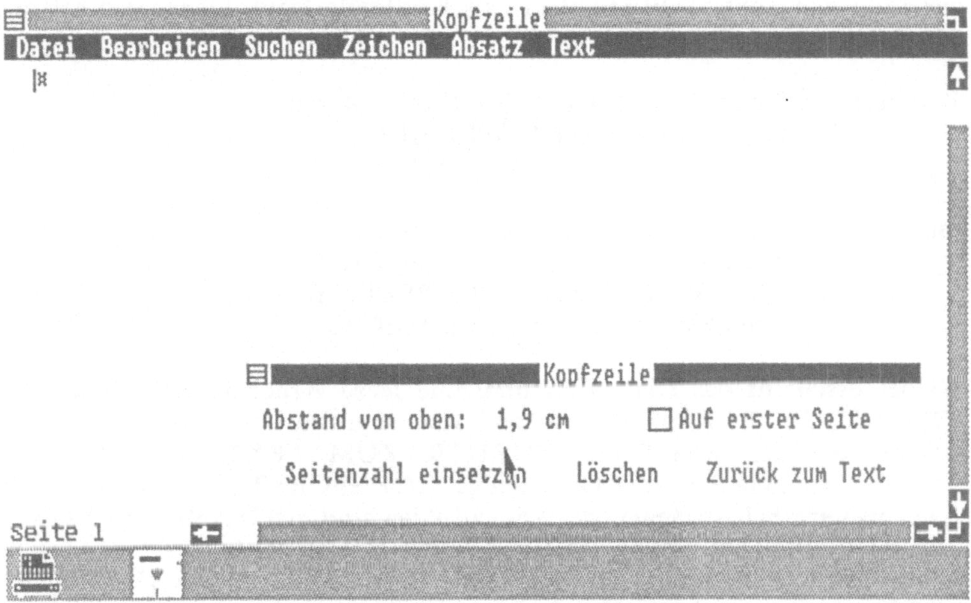

Die Arbeitsfläche wird gelöscht und das Dialogfeld KOPFZEILE erscheint. Nun müssen Sie die Einfügemarke an die Stelle setzen, an der die Seitenzahl plaziert werden soll. Benutzen Sie die Maus oder die Pfeiltasten. Wechseln Sie dann mit **TAB** oder der Maus in das Dialogfeld. Hier wählen Sie die Schaltfläche SEITENZAHL EINSETZEN und dann ZURÜCK ZUM TEXT. In der Kopfzeile wird der Begriff Seite eingefügt, der während des Druckens durch die laufende Seitenzahl ersetzt wird. Wollen Sie Seitenzahlen am unteren Rand der Seite drucken, gehen Sie genauso vor, benutzen aber das Kommando FUSSZEILE.
Seitenzahlen und Texte, die Sie als Kopf- oder Fußzeile angeben, erscheinen nicht auf dem Bildschirm, sondern werden erst beim Ausdruck sichtbar.

So wie Sie gerade Seitenzahlen eingefügt haben, können Sie auch Text
eingeben. Nehmen wir an, Sie wollen ein Dokument drucken, das auf jeder Seite den Text "TOP SECRET" als Kopfzeile trägt. Gehen Sie folgendermaßen vor.

Tastatur: 1. Öffnen Sie mit **Alt-T** das TEXT-Menü;
         2. Geben Sie *k* ein für KOPFZEILE;
         3. Drücken Sie die **RETURN**-Taste.

Maus: 1. Bringen Sie den Mauszeiger auf TEXT;
         2. Halten Sie den linken Mausknopf fest;
         3. Ziehen Sie die Maus auf KOPFZEILE;
         4. Lassen Sie den linken Mausknopf los.

Wieder erscheint das Dialogfeld und eine leere Arbeitsfläche. Tragen Sie
TOP SECRET als Kopfzeile ein und wechseln Sie in das Dialogfeld. Bestätigen Sie die Schaltfläche ZURÜCK ZUM TEXT. Wenn Sie jetzt
drucken, hat jede Seite die Überschrift "TOP SECRET".
Zwei weitere Schaltflächen des Dialogfeldes sind ABSTAND VON OBEN
und AUF ERSTER SEITE. Mit der ersten Option legen Sie den Abstand
vom oberen Seitenrand zur Kopfzeile fest. Wenn Sie AUF ERSTER
SEITE wählen, wird die Kopfzeile auch dort ausgegeben. Analoges gilt
für das Kommando TEXT FUSSZEILE. Sie sind nun in der Lage, Text
mit Kopf- und Fußzeilen, sowie mit Seitenzahlen zu versehen. Wollen Sie
eine Kopf- oder Fußzeile entfernen, wählen Sie im Dialogfeld des
entsprechenden Kommandos die Schaltfläche LÖSCHEN.
Beachten Sie außerdem, daß alle bisher besprochenen Zeichen- und Ab-
satzformatierungen auch für Kopf- und Fußzeilen verwendet werden
können.
WRITE bietet die Möglichkeit Tabstops zu setzen. Diese Option ist besonders für das Erstellen von Tabellen sehr nützlich. Legen Sie eine neue
Arbeitsdatei an, die folgende Tabelle enthalten soll:

     Tomaten   *12,50*
     Bananen   *13,60*
     Zwiebeln   *4,67*

Dabei sollen die Begriffe 3 cm und die Zahlen 10 cm vom linken Rand
ausgerichtet sein. Führen Sie das Kommando TEXT TABSTOPS aus.

Tastatur: 1. Öffnen Sie mit **Alt-T** das TEXT-Menü;
         2. Geben Sie *t* ein für TABSTOPS;
         3. Drücken Sie die **RETURN**-Taste.

Maus: 1. Bringen Sie den Mauszeiger auf TEXT;
         2. Halten Sie den linken Mausknopf fest;
         3. Ziehen Sie die Maus auf TABSTOPS;
         4. Lassen Sie den linken Mausknopf los.

Ein Dialogfeld erscheint, in das Sie die Tabstops eintragen müssen. Gehen Sie mit TAB oder der Maus in das erste Feld in der Zeile POSITION und tragen Sie "3" ein. Dann wechseln Sie zum nächsten Feld. Hier tragen Sie "10" ein. Sie müssen WRITE jetzt mitteilen, daß es sich beim zweiten Feld um einen Dezimal-Tabstop handelt. Das erreichen Sie, indem Sie in der Zeile DEZIMAL diese Option ankreuzen. Normale Tabstops werden linksbündig dargestellt, Dezimalstops am Dezimalkomma ausgerichtet. Beachten Sie, daß wirklich Kommas eingegeben werden müssen und nicht, wie sonst in der EDV üblich, Punkte. Die Tabstops haben Sie nun gesetzt. Wählen Sie die Schaltfläche OK und kehren Sie dann zur Arbeitsdatei zurück.
Nun betätigen Sie *TAB* und tragen den ersten Begriff ein. Drücken Sie noch einmal *TAB* und geben Sie die Zahl ein. Betätigen Sie die **RETURN**-Taste, um in eine neue Zeile zu gelangen. Wiederholen Sie diese Arbeitsschritte, bis die gesamte Tabelle erstellt ist.
Mausbenutzer können Tabstops sehr einfach mit dem Lineal setzen. Führen Sie zunächst das Kommando TEXT LINEAL JA aus.

Tastatur: 1. Öffnen Sie mit **Alt-T** das TEXT-Menü;
         2. Geben Sie *l* ein für LINEAL JA;
         3. Drücken Sie die **RETURN**-Taste.

Maus: 1. Bringen Sie den Mauszeiger auf TEXT;
         2. Halten Sie den linken Mausknopf fest;
         3. Ziehen Sie die Maus auf LINEAL JA;
         4. Lassen Sie den linken Mausknopf los.

Am oberen Rand des Fensters erscheint das Lineal. Die Sinnbilder für Tabstops sehen Sie auf der linken Seite. Das linke Sinnbild wird für die links ausgerichteten, das rechte für Dezimal-Tabstops verwendet. Bringen Sie den Mauszeiger auf das Sinnbild für Text-Tabstops. Klicken Sie es einmal an. Dann bringen Sie die Maus auf das Lineal und können die Markierung des linksbündigen Tabstops verschieben. Auf die gleiche Weise setzen Sie Dezimal-Tabstops.

Ein weiteres Kommando im TEXT-Menü ist LAYOUT. Mit diesem Befehl werden die Seitenränder beim Druck festgelegt. Ferner können Sie hier die Seitenzahl angeben, bei der der Druck beginnen soll.

Tastatur: 1. Öffnen Sie mit **Alt-T** das TEXT-Menü;
        2. Geben Sie zweimal *l* ein für LAYOUT;
        3. Drücken Sie die **RETURN**-Taste.

Maus: 1. Bringen Sie den Mauszeiger auf TEXT;
        2. Halten Sie den linken Mausknopf fest;
        3. Ziehen Sie die Maus auf LAYOUT;
        4. Lassen Sie den linken Mausknopf los.

Ein Dialogfeld erscheint. Tragen Sie in die einzelnen Felder die Zahlenwerte für die Ränder ein. Bestätigen Sie dann die Schaltfläche OK. Wenn Sie eine andere Anfangsseitenzahl als "1" beim Ausdruck wünschen, können Sie das im Feld "Beginn bei Seite" angeben.

13.7 Integration von Text und Grafik

Zu den Besonderheiten des Textverarbeitungsprogramms WRITE.EXE gehört das Mischen von Text und Grafik. Erstellen Sie für die nächste Übung mit dem Windows-Programm PAINT.EXE eine Zeichnung und legen Sie diese in der Zwischenablage ab. Starten Sie dann WRITE. Laden Sie die Beispieldatei REISE.WRI und übertragen Sie die Zeichnung in den Text.
Starten Sie das Zeichenprogramm vom MS-DOS-Fenster aus.

Tastatur: Markieren Sie mit den Pfeiltasten PAINT.EXE und betätigen Sie die **RETURN**-Taste.

Maus: Bringen Sie den Mauszeiger auf die Datei PAINT.EXE und starten Sie das Programm mit einem Doppelklicken des linken Mauszeigers.

Erstellen Sie nun eine Zeichnung. Markieren Sie diese und betätigen Sie die Taste DEL (Ausschneiden). Schließen Sie das PAINT-Fenster und starten Sie WRITE.EXE. Laden Sie dann die Beispieldatei und fügen Sie die Zeichnung durch Drücken der Taste INS (Einfügen) in den Text ein. Auf die gleiche Weise können Sie sich auch die verschiedenen Schriftarten, die PAINT zur Verfügung stellt, zunutze machen.

Im Menü BEARBEITEN befinden sich zwei Kommandos, mit denen Sie Abbildungen in einer WRITE-Datei manipulieren können. Mit ABBILDUNG VERSCHIEBEN setzen Sie die Grafik an eine andere Position im Text. ABBILDUNGSGRÖSSE erlaubt die Größe von Grafiken zu verändern. Beide Kommandos werden mit Pfeiltasten oder Maus ausgeführt. Verändern Sie einmal die Größe der Abbildung im Text.

Tastatur: 1. Öffnen Sie mit **Alt-B** das BEARBEITEN-Menü;
            2. Geben Sie dreimal *a* ein für ABBILDUNGSGRÖSSE;
            3. Drücken Sie die **RETURN**-Taste.

Maus: 1. Bringen Sie den Mauszeiger auf BEARBEITEN;
            2. Halten Sie den linken Mausknopf fest;
            3. Ziehen Sie die Maus auf ABBILDUNGSGRÖSSE;
            4. Lassen Sie den linken Mausknopf los.

Die Abbildung wird mit einer gestrichelten Linie umschlossen und enthält in der Mitte ein kleines Quadrat. Dieses Quadrat können Sie mit Maus oder Pfeiltasten bewegen, um die Begrenzungsfläche der Grafik zu verändern. Bestätigen Sie dann mit **RETURN** oder lassen Sie den linken Mausknopf los.

14 Das Zeichenprogramm PAINT

Das Windows-Programm PAINT.EXE dient zum Erstellen von Zeichnungen. Eine Vielzahl von Kommandos gibt Ihnen die Möglichkeit, für die Illustration von Texten kunstvolle Bilder zu erstellen.

14.1 Funktionsübersicht

DATEI

NEU	: Erstellen einer neuen Datei;
DATEI LADEN	: Laden einer vorhandenen Datei;
SPEICHERN	: Speichern einer Leinwand;
SPEICHERN UNTER	: Speichern unter neuem Namen;
DRUCKEN	: Drucken einer Zeichnung.

BEARBEITEN

RÜCKGÄNGIG	: Macht letzte Aktion rückgängig;
RADIEREN	: Löscht Leinwand;
AUSSCHNEIDEN	: Markierten Teil löschen und in Ablage setzen;
KOPIEREN	: Markierten Teil in Zwischenablage kopieren;
EINFÜGEN	: Ablageninhalt an aktuelle Position setzen;
LÖSCHEN	: Markierten Bereich löschen;
INVERTIEREN	: Invertieren des markierten Bereichs;
RÄNDER NACHFAHREN	: Ränder des markierten Bereichs nachfahren;
WAAGERECHT DREHEN	: Markierten Bereich waagerecht umklappen;
SENKRECHT DREHEN	: Markierten Bereich senkrecht umklappen;

SCHRIFTART

SCHRIFTGRAD

STIL

PALETTE

MUSTER	: Flächenmuster wählen;
STRICHBREITE	: Strichbreite wählen;
PINSELFORMEN	: Pinselform wählen;
ZEICHENGERÄTE	: Anzeige der Palette;

OPTIONEN

VERGRÖSSERN	: Bildausschnitt vergößern;
VERKLEINERN	: Bildausschnitt verkleinern;
KEIN RASTER	: Voreinstellung / Raster ausschalten;
FEINES RASTER	: Feines Raster wählen;
MITTLERES RASTER	: Mittleres Raster wählen;
GROBES RASTER	: Grobes Raster wählen;
MUSTER BEARBEITEN	: Verändern des aktiven Musters;
DRUCKER	: Zeichnungsformat für Drucker;
BILDSCHIRM	: Zeichnungsformat für Bildschirm;

14.2 Starten des Zeichenprogramms

Markieren Sie im MS-DOS-Fenster die Datei PAINT.EXE und starten Sie diese.

Tastatur: Markieren Sie mit den Pfeiltasten PAINT.EXE und drücken Sie <RETURN>.

Maus: Bringen Sie den Mauszeiger auf die Datei PAINT.EXE und starten Sie das Programm mit einem Doppelklicken des linken Mauszeigers.

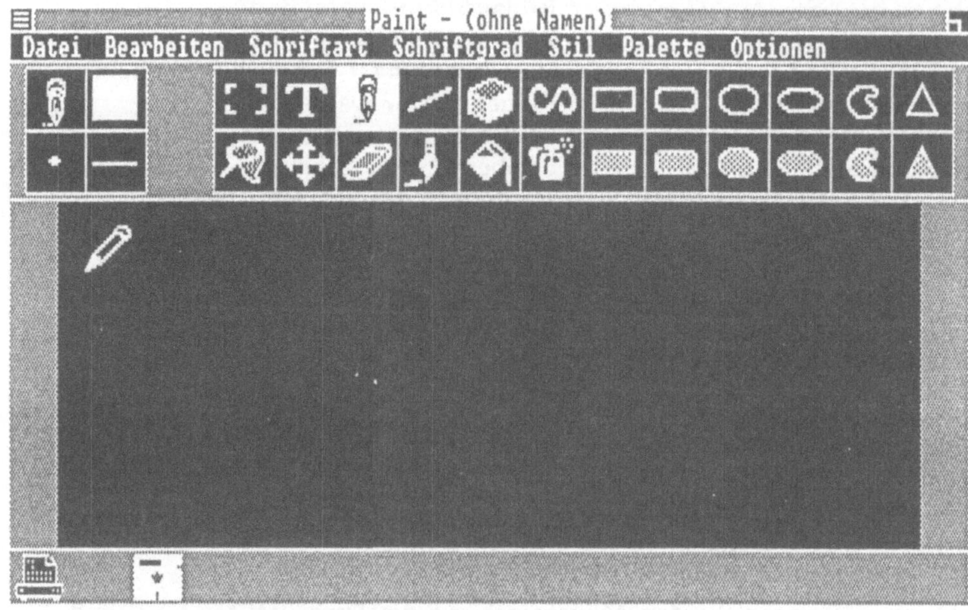

Die obige Abbildung zeigt das Fenster von PAINT.EXE. Neben den bereits bekannten Bereichen wie Menüleiste, Titelleiste und Sinnbildbereich, verfügt PAINT.EXE über die Bereiche Statusfeld, Palette und Leinwand. Das Statusfeld befindet sich in der linken oberen Ecke. Hier finden Sie die Bereiche Zeichengerät, Zeichenmuster, Pinselform und Strichbreite. Die Palette stellt Zeichengeräte und Schablonen bereit. Auf der Leinwand können Sie Ihre Zeichnungen erstellen.

14.3 Die Menüs des Zeichenprogramms

Das DATEI-Menü dient dazu, Zeichnungen abzuspeichern, auszudrucken
und bereits vorhandene Zeichnungen wieder auf die Leinwand zu holen.
Die einzelnen Optionen werden genauso bedient wie z.B. bei dem Programm NOTIZ.EXE. Der Unterschied besteht lediglich darin, daß es sich
hier nicht um Texte, sondern um Zeichnungen handelt, die Sie bearbeiten. Windows versieht Dateien, die zum Zeichenprogramm gehören mit
dem Dateiergänzungsnamen .MSP für Microsoft Paint.
Im Menü BEARBEITEN finden Sie eine Reihe von Kommandos, mit
denen Sie Ihre Zeichnungen bearbeiten können. Hier wird auch die Möglichkeit, die gesamte Leinwand zu löschen, bereitgestellt. Das erreichen
Sie mit dem Kommando RADIEREN. Befehle wie AUSSCHNEIDEN,
KOPIEREN und EINFÜGEN arbeiten mit der Zwischenablage.
Für die Textgestaltung stehen die Menüs SCHRIFTART, SCHRIFTGRAD
und STIL bereit. SCHRIFTART gibt Ihnen die Möglichkeit, verschiedene
Schriftarten auszuwählen. Mit SCHRIFTGRAD bestimmen Sie die Größe
der Buchstaben. STIL stellt verschiedene Darstellungsformen wie z.B. fett,
unterstrichen usw. bereit.
Im Menü PALETTE können Sie verschiedene Muster zum Ausfüllen von
Flächen wählen, die Breite von Stichen bestimmen und die Pinselform
auswählen.
Unter OPTIONEN finden Sie Kommandos, um einzelne Teile der Leinwand zu vergößern oder zu verkleinern. Ferner befinden sich hier die
Rastereinstellungen. Diese sind für das Zeichnen wichtig. Die Rastergröße
bestimmt den Übergang von einem gezeichneten Punkt zu seinem Nach-
barpunkt. So ist es z.B. wesentlich leichter Verbindungslinien zwischen
verschiedenen Punkten bei einem groben Raster zu erstellen, als das
gleiche bei der Einstellung "fein" zu versuchen. Schließlich gibt es unter
OPTIONEN noch die Punkte DRUCKER und BILDSCHIRM. Mit diesen
Kommandos wählen Sie die Leinwandgröße. In der Betriebsart
DRUCKER ist die Leinwand etwas kleiner und entspricht der Fläche, die
Ihr Drucker zur Verfügung hat, um die mit PAINT erstellten Zeichnun-
gen zu Papier zu bringen. Wollen Sie sich eine Zeichnung nur auf dem
Bildschirm ansehen, ohne sie ausdrucken zu lassen, wählen Sie hier das
Kommando BILDSCHIRM.

14.4 Einfache Übungen mit dem Zeichenprogramm

In diesem Abschnitt werden verschiedene Optionen der PALETTE auf-
gezeigt. Dabei handelt es sich lediglich um eine Einführung in die Arbeit
mit PAINT. Die vielfältigen Möglichkeiten, die Sie mit diesem Programm
haben, sind nur durch Ihre eigene Fantasie begrenzt. Die Erläuterungen
sind für die Arbeit mit einer Maus ausgelegt. Falls Sie mit der Tastatur
arbeiten wollen, finden Sie die entsprechenden Anweisungen in der Do-
kumentation Ihres Windows-Systems.
Löschen Sie zunächst die Leinwand:

Tastatur: 1. Öffnen Sie mit **Alt-B** das Menü BEARBEITEN;
           2. Geben Sie *r* ein für RADIEREN;
           3. Drücken Sie die **RETURN-Taste**.

Maus: 1. Bringen Sie den Mauszeiger auf BEARBEITEN;
           2. Halten Sie den linken Mausknopf fest;
           3. Markieren Sie RADIEREN;
           4. Lassen Sie den linken Mausknopf los.

Die Leinwand wird gelöscht und Sie können eine neue Zeichnung begin-
nen.
Bringen Sie den Mauszeigen im Bereich PALETTE auf den "Bleistift" und
klicken Sie ihn an. Ziehen Sie nun die Maus auf die Leinwand. Halten Sie
den linken Mausknopf gedrückt und bewegen Sie die Maus über die
Leinwand. Während Sie die Maus bewegen, wird auf der Leinwand ein
Bild gezeichnet. Der "Bleistift" hat im Normalfal einen sehr dünnen
Strich. Wollen Sie mit kräftigeren Linien zeichnen, wählen Sie den Pinsel
(oder stellen Sie im Menü PALETTE mit dem Kommando STRICH-
BREITE diese dicker ein).
"Nehmen" Sie jetzt den "Pinsel". Klicken Sie im Bereich PALETTE den
"Pinsel" an. Ziehen Sie die Maus auf die Leinwand und zeichnen Sie ei-
nige Linien. Dazu müssen Sie den linken Mausknopf gedrückt halten,
während Sie die Maus über die Leinwand ziehen.
Teile einer Zeichnung, die Sie nicht mehr benötigen, lassen sich mit dem
"Radiergummi" entfernen. Klicken Sie im Bereich PALETTE den
"Radiergummi" an. Bringen Sie die Maus auf die Stelle der Leinwand, die
Sie entfernen wollen. Halten Sie den linken Mausknopf gedrückt und ziehen Sie die Maus über die Fläche, die Sie löschen wollen.
Erstellen Sie nun einen Text auf der Leinwand. Löschen Sie bitte
zunächst die gesamte Leinwand mit dem Kommando RADIEREN in
Menü BEARBEITEN. Bringen Sie den Mauszeiger im Bereich PALETTE
auf das "T" und klicken Sie es an. Ziehen Sie die Maus auf der Leinwand
an die Stelle, an der der Text erscheinen soll. Drücken Sie einmal den
linken Mausknopf. Schreiben Sie Ihren Namen dort hin. Versuchen Sie

nun, den Text mit den Optionen des Menüs SCHRIFTART in eine andere Form zu bringen. Entstehen dabei kantige Buchstaben oder wird der Text zu klein oder zu groß, wählen Sie im Menü SCHRIFTGRAD eine andere Zahl aus.

Sie können jeden Teil einer Zeichnung nachträglich an eine beliebige Stelle der Leinwand bringen. Das erreichen Sie mit dem Auswahlrechteck der PALETTE. Es befindet sich links neben dem "T" für Text. Klicken Sie das Symbol an. Umrahmen Sie Ihren Text mit dem Auswahlrechteck. Dazu bringen Sie die Maus an die Stelle, an der Sie verschieben wollen. Halten Sie den linken Mausknopf fest und umrahmen Sie den Text mit dem Auswahlrechteck. Lassen Sie den Mausknopf los. Halten Sie nun wieder den linken Mausknopf fest und ziehen Sie die Maus an die Stelle, an die Sie den Text plazieren wollen. Lassen Sie den Mausknopf wieder los.

Im Bereich PALETTE werden einige Schablonen angeboten. Löschen Sie bitte die Leinwand und zeichnen Sie dann ein Rechteck. Bringen Sie den Mauszeiger auf das Rechteck und klicken Sie es an. Ziehen Sie die Maus auf die Leinwand. Halten Sie den linken Mausknopf gedrückt und ziehen Sie die Maus auf den gewünschten Endpunkt des Rechtecks. Lassen Sie den Mausknopf wieder los.

Nun kennen Sie die "Grundregeln" für die Arbeit mit PAINT. Experimentieren Sie mit den verschiedenen Optionen des Programms. Das ist die beste Möglichkeit es zu beherrschen.

15 Das Computerspiel Reversi

Bei Reversi geht es darum, am Ende des Spiels mehr Quadrate der eigenen Farbe auf dem Spielbrett zu haben als der Computer.

15.1 Starten von Reversi

Markieren Sie im MS-DOS-Fenster die Datei REVERSI.EXE und starten Sie diese.

Tastatur: Markieren Sie mit den Pfeiltasten REVERSI.EXE und drücken Sie **<RETURN>**.

Maus: Bringen Sie den Mauszeiger auf die Datei REVERSI.EXE und starten Sie das Programm mit einem Doppelklicken des linken Mauszeigers.

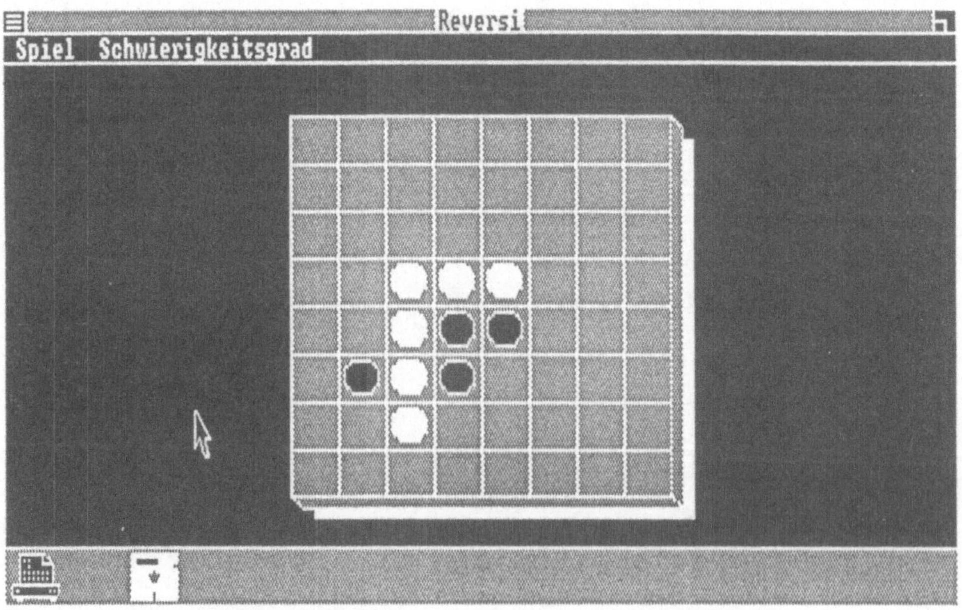

15.2 Spielregeln

Sie müssen versuchen, schwarze Quadrate in weiße zu verwandeln. Dazu müssen Sie die schwarzen Quadrate zwischen weißen einschließen, wobei die schwarzen immer in einer gerade Linie aufgereiht sein müssen.

15.3 Optionen

Im Menü SCHWIERIGKEITSGRAD haben Sie die Möglichkeit, zwischen verschiedenen Stufen von "Anfänger" bis "Meister" zu wählen.
Das Menü SPIEL enthält die Kommandos HINWEIS, PASSEN und NEU. Mit HINWEIS können Sie den Computer zu einem bestimmten Zug um Rat fragen. PASSEN wählen Sie, wenn Sie keinen zulässigen Zug mehr machen können. Mit NEU können Sie ein neues Spiel beginnen.

16 Die Windows-Systemsteuerung

SYSTEMST.EXE dient dazu, verschiedene Einstellungen für Windows vorzunehmen. Dazu gehören die Uhrzeit und das Datum, Druckeranschlüsse, Übertragungsgeschwindigkeiten, die Bildschirmfarben und Ländereinstellungen.

16.1 Funktionsübersicht

SYSTEM: siehe Kapitel 5.

INSTALLATION

DRUCKER ZUFÜGEN   : Neuen Drucker aufnehmen;
DRUCKER LÖSCHEN   : Drucker löschen;
SCHRIFTART ZUFÜGEN   : Neue Schriftart aufnehmen;
SCHRIFTART LÖSCHEN   : Schriftart löschen.

EINSTELLUNG

ANSCHLÜSSE   : Ändern von
                             Druckeranschlüßen;
DRUCKE   : Aufnahme eines neuen
                             Druckers;
DATENÜBERTRAGUNGSANSCHLUS   : Konfiguration für
                             Datenübertragung.

OPTIONEN

FARBEN   : Ändern der Bildschirmfarben;
MAUS   : Vertauschen der Mausknöpfe;
LÄNDEREINSTELLUNG   : Länderspezifische Angaben.

16.2 Starten von SYSTEMST.EXE

Stellen Sie sicher, daß Sie sich im MS-DOS-Fenster befinden, und markieren Sie die Datei SYSTEMST.EXE.

Tastatur: Markieren Sie mit den Pfeiltasten SYSTEMST.EXE und betätigen Sie die **RETURN**-Taste.

Maus:　　Bringen Sie den Mauszeiger auf die Datei SYSTEMST.EXE und starten Sie das Programm mit einem Doppelklicken des linken Mauszeigers.

Auf dem Bildschirm erscheint das Fenster der Systemsteuerung.

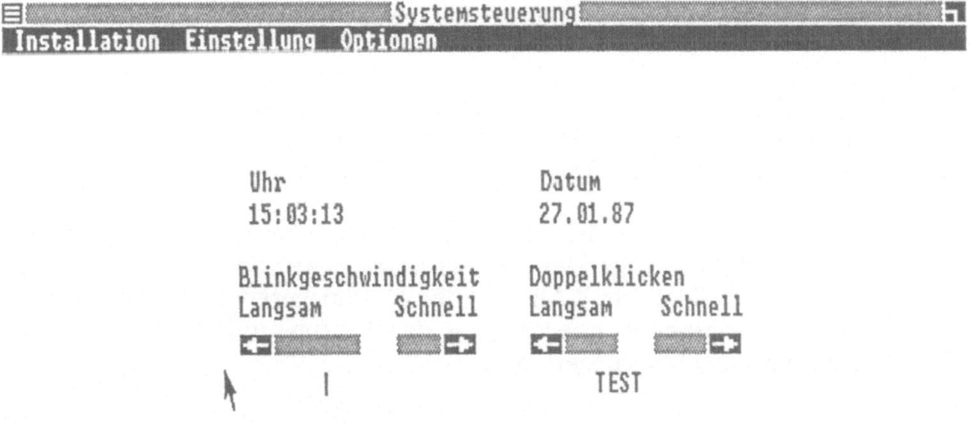

Sie sehen die vier Bereiche Uhrzeit, Datum, Blinkgeschwindigkeit und
Doppelklicken. Nun werden Sie lernen, was Sie damit tun können.

16.3 Einstellung von Uhrzeit und Datum

Aktivieren Sie den Bereich UHR indem Sie einmal die Taste **TAB** betätigen oder mit der Maus die angezeigte Uhrzeit anklicken. Veränderungen
nehmen Sie folgendermaßen vor:

Tastatur: 1. Gehen Sie mit den Tasten **Pfeil nach rechts** und **Pfeil nach
           links** auf die angezeigte Stunde;
           2. Benutzen Sie die Tasten **Pfeil nach oben** und **Pfeil nach unten**
           zum Einstellen der Stunden;
           3. Bestätigen Sie mit **<RETURN>**.

Maus: 1. Bringen Sie den Mauszeiger auf die angezeigter Stunde;
           2. Klicken Sie die Pfeile im Uhrbereich an um die Stunden zu
           verändern.

Auf die gleiche Art verändern Sie im Uhrbereich auch die Minuten und
Sekunden. Klicken Sie die Stellen, die Sie verändern wollen mit der Maus
an oder gehen Sie mit den Tasten **Pfeil nach rechts** und **Pfeil nach links**
die gewünschte Position.
So wie Sie gerade die Uhrzeit eingestellt haben, können Sie auch das Datum verändern. Klicken Sie den Datumsbereich an, um ihn zu aktivieren
oder betätigen Sie die Taste **TAB**, bis der Datumsbereich erreicht ist.
Alle Windows-Programme übernehmen das Datum und die Uhrzeit nach
der Einstellung des Steuerprogramms.

16.4 Einstellung von Blinkgeschwindigkeit und Doppelklicken

Im Bereich BLINKGESCHWINDIGKEIT haben Sie die Möglichkeit die
Geschwindigkeit, mit der ein Unterstreichungszeichen oder eine Einfügemarke blinkt, einzustellen.

Tastatur: 1. Betätigen Sie **TAB**, bis Sie den Bereich
BLINKGESCHWINDIGKEIT erreicht haben;
2. Benutzen Sie die Tasten **Pfeil nach rechts** und **Pfeil nach links** um die gewünschte Geschwindigkeit einzustellen;
3. Bestätigen Sie mit **<RETURN>**.

Maus: 1. Bringen Sie den Mauszeiger auf einen der Pfeile im Bereich
BLINKGESCHWINDIGKEIT;
2. Klicken Sie einen der Pfeile an, um die Geschwindigkeit einzustellen.

Während der Einstellung der Blinkgeschwindigkeit sehen Sie in diesem Bereich ein blinkendes Unterstreichungszeichen, das die Veränderungen anzeigt.
Im Bereich "Doppelklicken" stellen Sie die Geschwindigkeit ein, mit der die Maus auf ein Doppelklicken reagiert. Wählen Sie diese nicht zu hoch.

16.5 Einrichten und Löschen von Druckern

Im Menü INSTALLATION stehen Ihnen die Optionen DRUCKER ZU-FÜGEN und DRUCKER LÖSCHEN zur Verfügung. Wollen Sie einen neuen Drucker an Ihren Computer anschließen, wählen Sie DRUCKER ZUFÜGEN.

Tastatur: 1. Öffnen Sie mit **Alt-I** das Menü INSTALLATION;
2. Geben Sie *d* ein für DRUCKER ZUFÜGEN;
3. Bestätigen Sie mit **<RETURN>**.

Maus: 1. Bringen Sie den Mauszeiger auf das Menü INSTALLATION;
2. Halten Sie den linken Mausknopf fest;
3. Ziehen Sie die Maus auf DRUCKER ZUFÜGEN;
4. Lassen Sie den linken Mausknopf los.

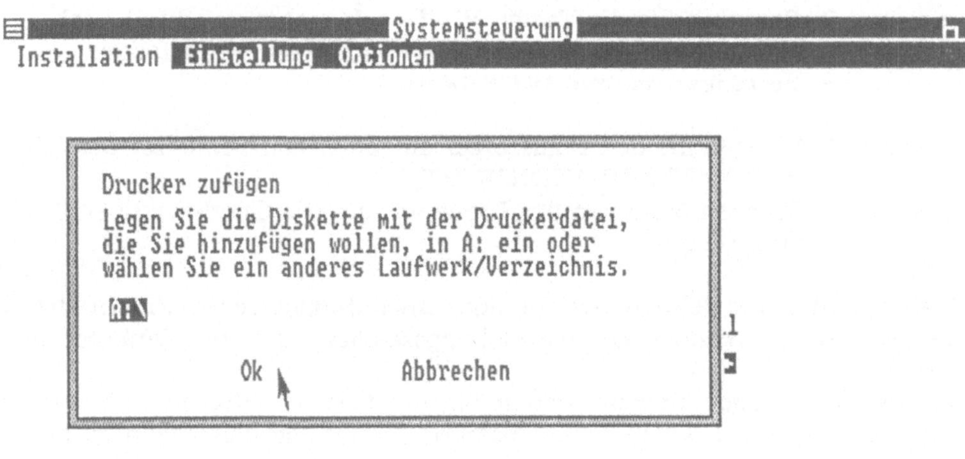

Nun erscheint ein Dialogfeld, das Sie auffordert, die Diskette mit den Druckerdateien einzulegen. Die Dateien befinden sich auf der Windows-Diskette "Hilfsprogramme". Legen Sie die Diskette ein und bestätigen dann mit <RETURN>. Im nächsten Dialogfeld werden die verfügbaren Drucker aufgelistet. Wählen Sie den gewünschten Drucker aus und betätigen die Schaltfläche ZUFÜGEN. Windows fragt nun nach, auf welchem Laufwerk bzw. in welchem Unterverzeichnis Sie die neue Druckerdatei haben möchten. Geben Sie hier die gewünschte Stelle an. Lassen Sie diese Dialogbox unverändert und arbeiten Sie mit einer Festplatte, wird das aktuelle Unterverzeichnis genommen.

Wollen Sie einen Drucker aus Ihrem System löschen, verwenden Sie das Kommando DRUCKER LÖSCHEN im Menü INSTALLATION. Es erscheint ein Dialogfeld. Wählen Sie den Drucker aus, den Sie löschen wollen und bestätigen Sie dann die Schaltfläche LÖSCHEN. Das folgende Dialogfeld fragt nach, wo sich die Druckertreiberdatei befindet. Geben Sie hier das entsprechende Laufwerk bzw. Unterverzeichnis an.

16.6 Einrichten und Löschen von Schriftarten

Windows verwendet zahlreiche Schriftarten für verschiedene Grafikkarten und Drucker. Verwenden Sie SCHRIFTART ZUFÜGEN aus dem Menü INSTALLATION, um neue Schriftarten aufzunehmen.

Tastatur: 1. Öffnen Sie mit **Alt-I** das Menü INSTALLATION;
      2. Geben Sie *s* ein für SCHRIFTART ZUFÜGEN;
      3. Bestätigen Sie mit **<RETURN>**.

Maus: 1. Bringen Sie den Mauszeiger auf das Menü INSTALLATION;
      2. Halten Sie den linken Mausknopf fest;
      3. Ziehen Sie die Maus auf SCHRIFTART ZUFÜGEN;
      4. Lassen Sie den linken Mausknopf los.

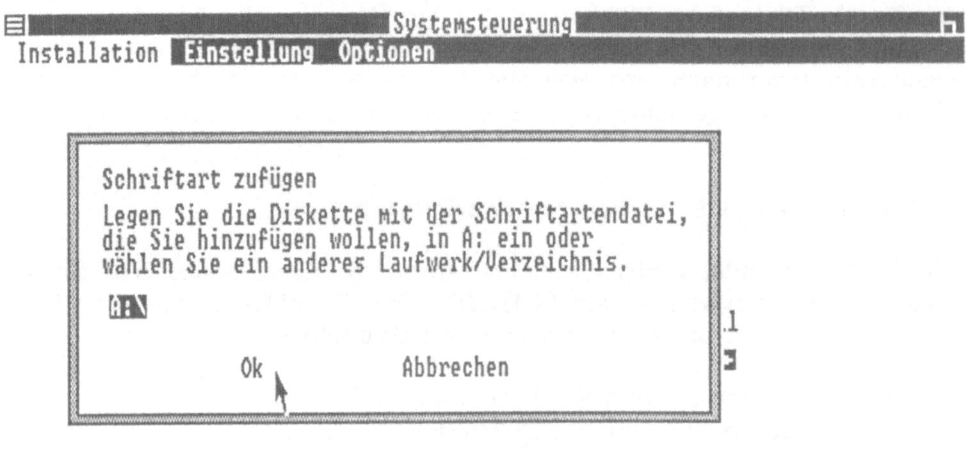

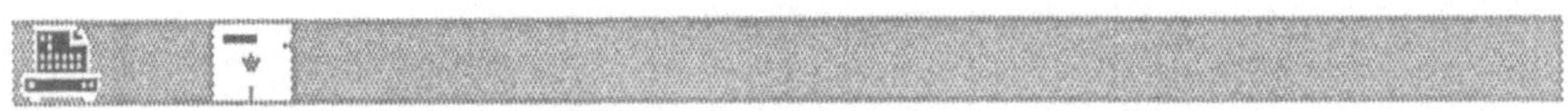

Ein Dialogfeld fordert Sie auf, die Windows-Diskette "Schriftarten" einzulegen. Legen Sie die Diskette ein oder geben Sie das Unterverzeichnis
an, in dem sich die Dateien mit den verschiedenen Schriftarten befinden.
Dann gehen Sie genauso vor wie bei DRUCKER ZUFÜGEN.
Wollen Sie Schriftarten löschen, finden Sie das entsprechende Kommando
im Menü INSTALLATION unter SCHRIFTART LÖSCHEN.

16.7 Änderung des Druckeranschlußes

Wenn Sie einem bereits installierten Drucker eine andere Schnittstelle zuweisen wollen, erreichen Sie das mit dem Kommando ANSCHLÜSSE im
Menü EINSTELLUNG.

Tastatur: 1. Öffnen Sie mit **Alt-E** das Menü EINSTELLUNG;
        2. Geben Sie *a* ein für ANSCHLÜSSE;
        3. Bestätigen Sie mit **<RETURN>**.

Maus: 1. Bringen Sie den Mauszeiger auf das Menü EINSTELLUNG;
        2. Halten Sie den linken Mausknopf fest;
        3. Ziehen Sie die Maus auf ANSCHLÜSSE;
        4. Lassen Sie den linken Mausknopf los.

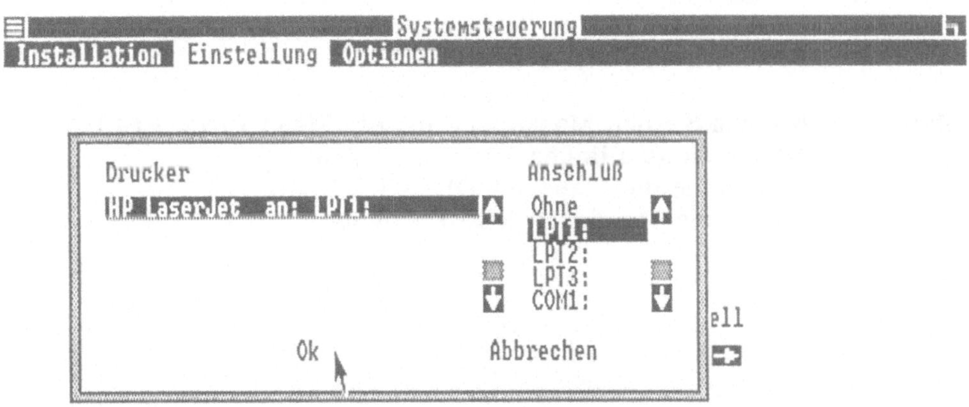

Das Dialogfeld ANSCHLÜSSE listet die installierten Drucker mit den
dazugehörenden Schnittstellen auf. Wollen Sie z.B. einem Drucker, der
momentan auf LPT1 angeschlossen ist, die Schnittstelle LPT2 zuweisen,
gehen Sie folgendermaßen vor:
Wählen Sie zunächst aus dem Drucker-Listenfeld den Drucker aus, den
Sie umkonfigurieren wollen. Wechseln Sie dann in das Feld "Anschluß"
und weisen Sie diesem Drucker eine neue Schnittstelle zu. Bestätigen Sie
dann die Schaltfläche "Ok".

16.8 Einrichtung eines System-Standarddruckers

Beim System-Standarddrucker handelt es sich um den Drucker, den alle
Windows-Anwendungen automatisch ansprechen. Sie können diesen
Drucker mit dem Kommando DRUCKER im Menü EINSTELLUNG
wählen.

Tastatur: 1. Öffnen Sie mit **Alt-E** das Menü EINSTELLUNG;
           2. Geben Sie *d* ein für DRUCKER;
           3. Bestätigen Sie mit **<RETURN>**.

Maus: 1. Bringen Sie den Mauszeiger auf das Menü EINSTELLUNG;
           2. Halten Sie den linken Mausknopf fest;
           3. Ziehen Sie die Maus auf DRUCKER;
           4. Lassen Sie den linken Mausknopf los.

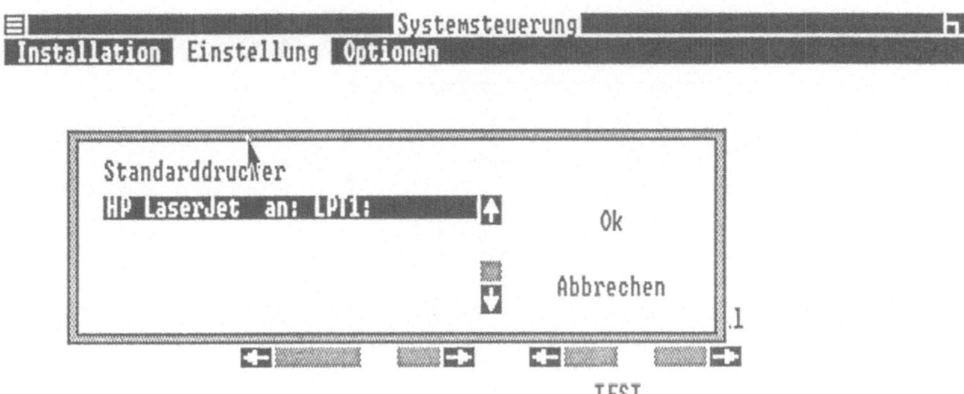

Das Dialogfeld listet alle verfügbaren Drucker auf. Wählen Sie hier den Drucker, den Sie zum System-Standarddrucker machen wollen. Bestätigen Sie dann die Schaltfläche "Ok".

16.9 Konfiguration für den Datenübertragungsanschluß

Über serielle Schnittstellen läuft die Datenübertragung zu anderen Computern und die Ansteuerung von Geräten mit serieller Schnittstelle. Das Kommando DATENÜBERTRAGUNGSANSCHLUSS im Menü EINSTELLUNG gibt Ihnen die Möglichkeit, diese Schnittstellen zu konfigurieren.

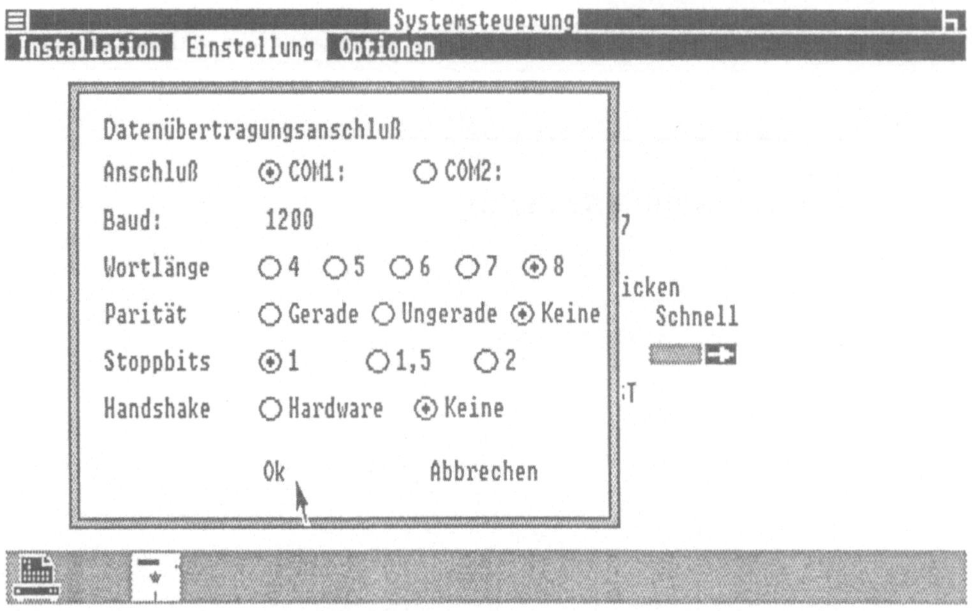

Die Bedeutung der einzelnen Punkte in diesem Dialogfeld können Sie dem
Kapitel über das Terminalprogramm entnehmen.

16.10 Einstellung der Bildschirmfarben

Das Kommando FARBEN im Menü OPTIONEN gibt Ihnen die Möglichkeit, verschiedene Farben bzw. Schattierungen der einzelnen Fensterbe-
reiche auf dem Bildschirm einzustellen. Voraussetzung für die Verwendung von Farben ist allerdings, daß Sie über einen entsprechenden
Monitor und die entsprechende Grafikkarte verfügen.

Tastatur: 1. Öffnen Sie mit **Alt-O** das Menü OPTIONEN;
         2. Geben Sie *f* ein für FARBEN;
         3. Bestätigen Sie mit **<RETURN>**.

Maus: 1. Bringen Sie den Mauszeiger auf das Menü OPTIONEN;
         2. Halten Sie den linken Mausknopf fest;
         3. Ziehen Sie die Maus auf FARBEN;
         4. Lassen Sie den linken Mausknopf los.

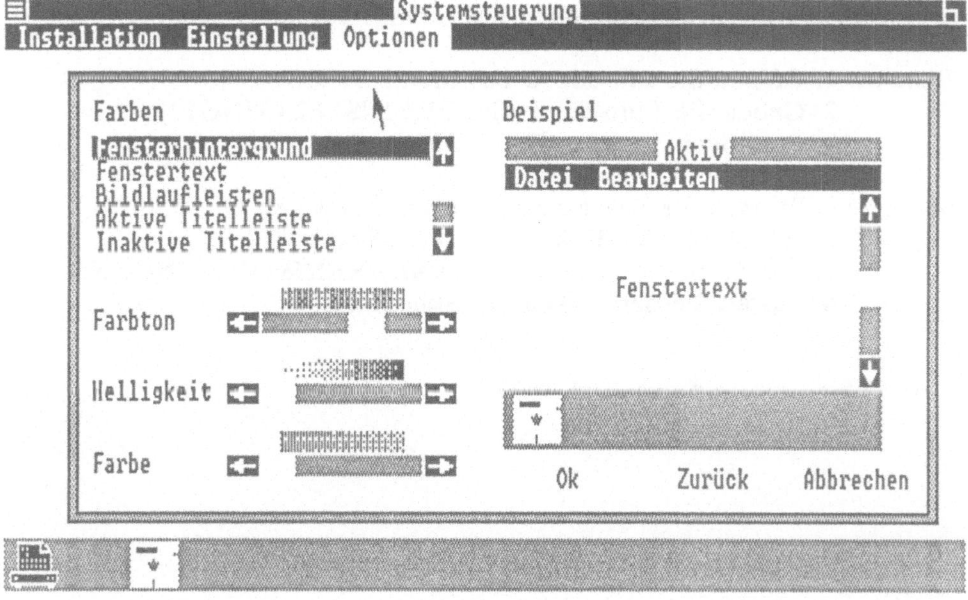

Der linke Teil des Dialogfeldes FARBEN dient der Einstellung, der
rechte als Beispiel. Wählen Sie zunächst aus dem Listenfeld den Fenster-
bereich, den Sie verändern wollen. Gehen Sie dann in die Zeilen
"Farbton", "Helligkeit" und "Farbe", um die Bildschirmdarstellung gemäß
Ihren Wünschen zu verändern. Die aktuelle Einstellung wird im Bereich
BEISPIEL angezeigt. Bestätigen Sie dann die Schaltfläche "Ok".

16.11 Umschaltung der Maus

Windows wird nur mit einem Mausknopf bedient. Voreingestellt ist der
linke Mausknopf. Wenn Sie lieber mit dem rechten Knopf arbeiten, können Sie die Maus mit dem Kommando MAUS im Menü OPTIONEN umstellen.

16.12 Einstellung länderspezifischer Anzeigen

Das Kommando LÄNDEREINSTELLUNGEN im Menü OPTIONEN ermöglicht Ihnen verschiedene Einstellungen für Datum, Uhrzeit, Wäh-
rungsformat usw. in Abhängigkeit des Landes vorzunehmen.

Tastatur: 1. Öffnen Sie mit **Alt-O** das Menü OPTIONEN;
         2. Geben Sie *l* ein für LÄNDEREINSTELLUNGEN;
         3. Bestätigen Sie mit **<RETURN>**.

Maus: 1. Bringen Sie den Mauszeiger auf das Menü OPTIONEN;
         2. Halten Sie den linken Mausknopf fest;
         3. Ziehen Sie die Maus auf LÄNDEREINSTELLUNGEN;
         4. Lassen Sie den linken Mausknopf los.

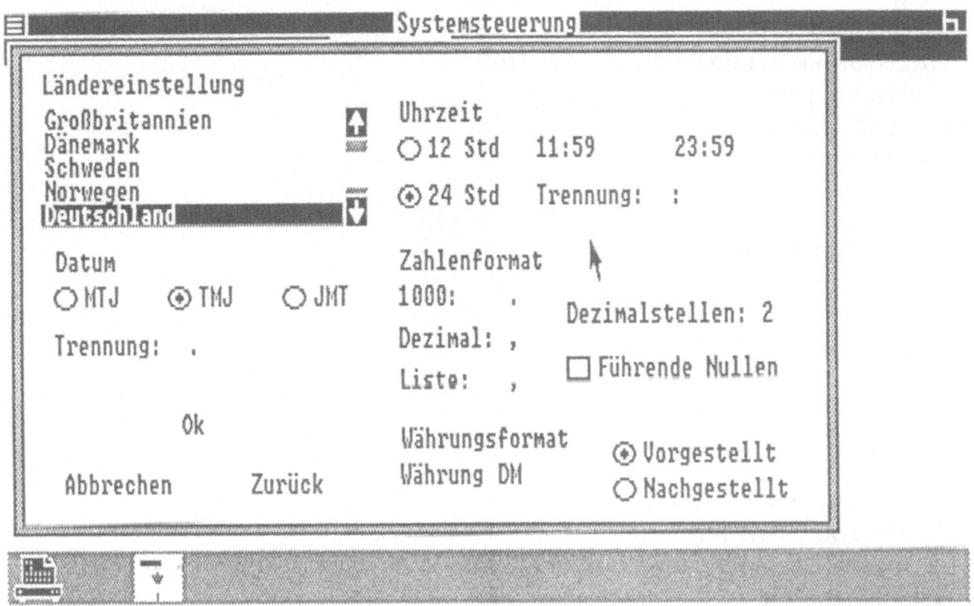

Das Dialogfeld "Ländereinstellung" erscheint. Wählen Sie aus dem Listenfeld das entsprechende Land und nehmen Sie dann die Einstellung vor,
falls Sie etwas verändern wollen.

Sachwortverzeichnis